本书系江西省重点人文社会科学重点研究基地项目"生态型区域地方政府环境治理的法律问题研究"（项目编号：JD19041）的阶段性成果。

· 江西理工大学优秀博士论文文库 ·

生态物权的证成研究

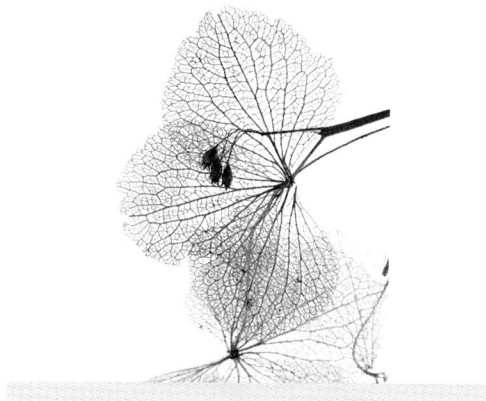

孟春阳 / 著

SHENGTAI WUQUAN
DE ZHENGCHENG YANJIU

中国政法大学出版社

2019 · 北京

图书在版编目（ＣＩＰ）数据

生态物权的证成研究/孟春阳著. —北京：中国政法大学出版社，2019.8
ISBN 978-7-5620-9171-4

Ⅰ.①生… Ⅱ.①孟… Ⅲ.①环境保护法－物权法－研究－中国 Ⅳ.①
D923.24

中国版本图书馆 CIP 数据核字 (2019) 第 177522 号

出　版　者	中国政法大学出版社
地　　　址	北京市海淀区西土城路 25 号
邮寄地址	北京 100088 信箱 8034 分箱　邮编 100088
网　　　址	http://www.cuplpress.com (网络实名：中国政法大学出版社)
电　　　话	010-58908285(总编室) 58908433 （编辑部）58908334(邮购部)
承　　印	固安华明印业有限公司
开　　本	880mm×1230mm　1/32
印　　张	7.25
字　　数	170 千字
版　　次	2019 年 8 月第 1 版
印　　次	2019 年 8 月第 1 次印刷
定　　价	35.00 元

摘 要

Abstract

　　时至今日，没有哪种事物如生态环境一般，牵动着每个法律部门的内心，得到了极大的关注。在环境法率先对生态危机作出回应、系统地对生态环境问题进行研究并给予了法律上的解答之后，生态化研究方法如春风乍起，吹皱了法律体系平静的湖面，给法律带来新的生机和血液，其他法律部门掀起了轰轰烈烈生态化的浪潮，环境法所带来的交叉、融合、开放、多元等思想在模糊着公法与私法的界限，引领着法律的新一轮进化，新的法律理念、法律制度、法律权利、法律措施不断涌现。

　　在生态危机的阴影笼罩下，人们对人与自然的关系的反思，带来发展理念和发展方式的变化。生态文明理论形成、生态环境法律地位的转变以及生态利益的发现和认知，推动了物权法的生态化进程，但在物权法对传统物权理念的坚守下，物权法的生态化过程中选择性遗忘了可以转化经济价值的生态利益。而现有的生态物权理念研究过程中，对物权法的独特价值理念和顽强的坚守，或者选择了绕路而行，或者选择忽视生态物权特殊性的方法将其并入传统物权体系，对于生态物权的建构并没有形成统一的认识。物权法生态化的选择性忽视和生态物权理论研究的困境使生态物权研究具有理论价值和现实的意义。

生态物权不同于环境物权，生态物权是以生态环境为客体、以生态利益的使用和收益为内容的新型物权。不同于传统物权客体的特定性可以通过物理形态进行界定的方法，生态物权客体的特定性需要借助时空结合观和科学技术方法进行确定。作为生态物权的基础和内容的生态利益关涉生存与发展的需要，生存的需要由国家通过强制性的法律规定进行保护，生态物权是基于发展所需的生态利益的物权法表达。在生态物权内涵界定的基础上，为了使生态物权具有现实的操作性和研究的方便，根据不同的标准对生态物权进行了类型化的研究。

生态物权作为环境法与民法交叉和融合的产物，作为准物权发展的新的权利类型，其在权利性质上也兼有公权和私权的性质，这也使生态物权具有区别于传统物权的特征：客体的一体两面性、权利变动的公权干预性、权利内容的复合性等，赋予了生态物权作为一种新型独立的物权的正当性基础。

静态的权利设计和动态的物权变动共同构成了完整的物权规则，在生态物权的理论证成完成的情况下，权利的取得、公示与行使就成为权利能够得到有效运行的关键。取得是物权变动的基础和前提，生态物权的公权性主要表现在生态物权的初始取得。凡物权必有公示，因生态物权客体的特殊性，生态物权宜采用登记公示的方法进行，登记制度某种意义上也是生态物权的制度载体。生态物权的特殊性还表现在同一物权客体上存在数个生态物权的类型，这就使生态物权在行使过程中要遵循相应的原则排列权利行使的位阶。

理论上应有权利最终要落实到法律中成为法定的权利，才能得以实施，生态物权也需要落地转化为法律的权利。在法律实现过程中，生态物权采用渐进的方式来进行，需要借助环境法和物权法衔接共同对生态物权进行规定，在环境法中对生态物权的初始取得进行规定，在物权法中则采用准物权的规定，承认生态物权准用物权规则即可。生态物权也需要制度予以保障，生态红线制度、生态利益价值量化制度、合理的初始分配制度是生态物权能够成立的基础和核心制度。生态物权的成立为当前生态环境损害赔偿诉讼主体的确认奠定了权利基础，丰富和发展了生态环境损害赔偿制度理论。

目 录

绪　言

一、研究背景

生态环境问题的恶化，推动了人们对现代化进程的发展方式和发展理念的反思，人与生态环境的关系也由支配与被支配、利用与被利用的对立关系向和谐共生的统一关系转化，建设人类生命共同体成了社会认识领域和发展领域的重点话题。生态环境在价值体系中地位的转变，引起了社会价值观念的变化，生态文明理论被正式提出。随着党的十七大对生态文明理论的确认、党的十八大将生态文明视为社会总体建设的指导思想，党的十九大重申生态文明建设的重要性，提出加快生态文明体制改革，建设美丽中国。习总书记在环境与发展关系的系列讲话中提到"提供更多优质生态产品""绿水青山就是金山银山""保护生态环境就是保护生产力"，生态环境关系到全民的福祉和人民的未来。法律作为维系社会秩序的重要规则，随社会的变化而不断地发展变化，公法与私法之间紧守的法律界限出现了松动，两法之间开始交融，公物与私物的区别也不再是其适用公法还是私法调整的依据，[1]法律出现了社会化趋势。生态文明理论的形成与发展、生态环境财产属性的显现和利用以及

---

〔1〕 参见〔日〕美浓部达吉：《公法与私法》，黄冯明译，中国政法大学出版社 2003 年版，第 101 页。

法律进化的社会化趋势，使私法在环境保护领域的适用成为可能。2017 年颁布的《中华人民共和国民法总则》（以下简称《民法总则》）首次确认的绿色原则，回应了社会生态危机的需要，契合了法律发展的趋势，为民法的发展开拓了新的领域和空间。

与此同时，由第一代向第二代进化的环境法，其法律理念也由利益的抑制转向了利益的增进，法律本位也由义务本位回归了权利本位，并以此为指导形成了以目的为指导的多种手段综合利用的开放局面。权利依赖的行政监管不再是环境治理的唯一手段，市场配置手段的运用，排污权、碳排放权的物权变动规则的适用，意味着私法制度在环境保护领域中大有可为，因此私法制度在环境法中出现是法律发展与进化的结果。

生态环境作为公共用公物，对其"物"性的认知并无异议，其作为公共物品利用上的无排他性与惠益的共享性，使其具有了明显的易损性。亚历山大对此曾有论断："无论何物，只要它属于最大多数的人共有，它所受到的照料也就最少。"[1]这是当前大多数人将生态环境问题归因于财产权制度的缺失的原因，因此法律进化中对于公物与私物的认识、生态环境问题产生的经济原因，使物权法也应当具有环境关怀，关注生态环境保护的现实需要。

生态环境部的建立，意味着生态环境的生态属性已经得到了广泛的认可，催生了行政机构职能的转变，也标志着生态环境保护不但关注单个生态要素，而且从整体出发进行系统布局。随着对生态环境问题的认识由分散、孤立走向系统、整体，生态环境法律保护的理念和方法也要随之发生调整。生态环境的生态属性在社会中投影为生态利益，利益的法律确认和维护需

---

〔1〕 参见 ［美］ 丹尼尔·H. 科尔：《污染与财产权：环境保护的所有权制度比较研究》，严厚福、王社坤译，北京大学出版社 2009 年版，第 1~2 页。

要公法与私法的共同作用，这也构成了生态物权建构的基础和内容。因此在社会环境、法治精神、利益种类出现的情况下，生态物权的研究也具有了现实的可能。

二、 研究价值

（一）理论价值

作为物权类型的创新与发展，生态物权丰富了民事权利体系的内容。《民法总则》对绿色原则的法律确认为新型的民事权利的诞生开拓了新的空间，物权法对准物权这一新兴物权类型的接纳也说明物权法对于社会发展所持的开放态度。在生态环境的"物"性被广泛认可、生态环境的资源利益为法律所调整并形成了相应的物权类型的基础上，生态环境所承载的生态利益的权利化进程，具有了现实的基础。因此生态物权的生成对于整个民法的发展来说具有重要的意义。

生态物权是以生态环境为客体的物权类型，生态环境的公共物品属性和生态利益的公益性质使生态物权的构建不能完全脱离公权而存在，生态环境财产价值界定的技术依赖和困难，也为公权的干预留下了适用的空间。因此生态物权从本质上讲是具有公权性质的私权，是环境法和民法交叉融合的产物，是法律进化过程中选择的结果。从理论上来讲，生态物权的这种特性也为公共物品的私权规则适用奠定了基础、树立了样本。

生态物权的建构彰显了生态环境的一体两面性，实现了资源利益与生态利益的和谐共生。生态环境于人类有着多样的利益，其中最重要的两种利益形式被纳入了法律利益谱系，分属不同的部门法调整，资源利益主要适用民法规则进行调整，生态利益则由环境法规则进行调整。因关注价值和分析视角的差异，法律部门形成了各自不同的调整方法，当两个部门法同时指向同一事物时，法律之间的抵牾与冲突就在所难免。因此需要制定一定的衡量规则或者形成一个共同的利益博弈框架，将同一事物上两种不同的甚至是冲突的利益，限制在一定的合理范围，从而实现两种利益之间的和谐共生。当人们把生态环境问题的产生部分归咎于民法理念对于价值最大化的追求时，通过环境法来矫正人们的行为，通过行为抑制来减少对环境的损害，保障生态利益的持续供给。但是行为抑制带来了公众心理上的抗拒，导致环境法执行的异化。生态物权将生态利益纳入物权范畴，通过权利的设计和行使引导生态环境之上生态利益和经济利益的平衡，实现了两种利益的和谐与共生。

（二）实践意义

建立在权力基础上的行政管制手段在环境保护领域中广泛适用，有效扭转了生态环境恶化的局面，但僵化、缺少变通和灵活性的缺点在环境治理的过程中也展露无遗，其对利益的抑制也很难调动社会公众从事环境保护事业的积极性，管制的疲劳和不力也使行政管制并不能适用于全部环境保护领域，探寻新的治理方式成为防止生态环境问题向纵深蔓延的历史必然。公法与私法的分野并不是天然形成的，而是基于历史和社会发展的需要，通过类型化研究来减少认识的复杂性，提高规范的有效性，因此两者之间并不是截然分开的，也有很多的共通之处，法律进化更是彰显了两者的共性，两法之间开始融合，这也带来了私法手段在环境保护领域中适用，为生态物权的产生奠定了社会基础和法律基础。生态物权融生态利益于经济价值之中，通过经济价值的实现，调动了社会各方从事环境保护事业的积极性，弥补了行政管制手段的不足，适应和顺应了社会的发展趋势，响应和回应了党的十九大报告中对生态全民共治的要求，推动了生态文明的建设和人与自然之间的和谐。

生态物权是生态利益法律表达的有益探索。从义务本位走向权利本位是法律的发展和进步，权利本位以权利的建构为基本的路径，通过权利的激励作用引导人们的行为，实现利益的合理配置。权利的核心要素是利益，利益的法律表达不是利益的剥夺和限制，而是利益的确认与保障。在生态利益成为社会的显性利益进入法律的调整范畴后，生态利益可以表达为何种法律权利是学界普遍关注的内容。在法律出现社会化趋势的情况下，生态利益的法律表达可因具有公共属性借助于公法的表达，也可因具有财产属性借助于私法的表达，生态物权是生态利益法律表达的私权形式。

三、 国内外研究现状

2015 年审议通过的《生态文明体制改革总体方案》指出："要建立归属清晰、权责明确、监管有效的自然资源资产产权制度"，"更多运用经济杠杆进行环境治理和生态保护的市场体系"。党的十九大报告中提出"建立市场化、多元化生态补偿机制"。资源的市场配置机制作为环境治理的发展方向，意味着探索私法制度在环境保护领域的适用成为社会发展的当然选择，契合法律发展的时代特征。

在中国知网上以"环境""物权"为主题进行检索，共有期刊论文 1893 篇，其中核心论文 677 篇，CSSCI 论文 361 篇；以"自然资源""物权"为主题进行检索，共有期刊论文 539 篇，其中核心论文 199 篇，CSSCI 论文 111 篇；以"生态利益""权利"为主题进行检索，共有期刊论文 114 篇，其中核心论文 39 篇，CSSCI 论文 21 篇；以"生态利益""物权"为主题进行检索，共有期刊论文 30 篇，其中核心论文 12 篇，CSSCI 论文 7 篇；以"环境物权"为关键词进行检索，共有期刊论文 19 篇，其中核心论文 2 篇，CSSCI 论文 1 篇；以"生态物权"为主题进行检索，共有期刊论文 28 篇，其中核心论文 11 篇，CSSCI 论文 2 篇；以"物权""生态化"为主题进行检索时，共有期刊论文 48 篇，其中核心论文 11 篇，CSSCI 论文 6 篇。数据显示从物权的视角研究生态环境的法律保护并不是现在才开始的。生态环境具有一体两面性，承载了两种为法律所承认和确认的利益形态：资源利益和生态利益。其中资源利益得到了《中华人民共和国物权法》（以下简称《物权法》）的确认和认可，成为生态环境与物权结合后研究的重心，而生态利益的私权研究也初露端倪，而且呈现逐年增长的趋势，逐渐引起学界的关注。民法学者在回应生态环境问题的现实威胁时，也在不断调整物权法的理念，根据社会发展的时代特征开始了物权生态化的进程。但物权生态化以现有物权类型的生态化改造为主要的路径，忽视了生态利益的物权保护问题，这不能不说是物权生态化过程中的一个缺憾。"生态物权"概念的使用依据有：①生态利益的彰显，环境利益一词在使用时不仅包括了生态利益还包括了资源利益，在生态利益（生态效用[1]、环境容量[2]、环境生态惠益[3]）的物权保护时，为区分其资源利益的经济保护的物权类型，因此使用了生态物权概念；②生态环境的使用频次渐升，生态环境部的建立、《民法总则》中绿色原则对生态环境一词的使用，说明了生态环境在法律与现实生活中，开始取代环境一词，尤其是在需要突出其生态属性时。当前法律对生态环境问

---

〔1〕 参见吕忠梅：《沟通与协调之途——论公民环境权的民法保护》，中国人民大学出版社 2005 年版，第 172 页。

〔2〕 参见邓海峰："环境容量的准物权化及其权利构成"，载《中国法学》2005 年第 4 期。

〔3〕 参见杜寅："环境生态惠益的物权化研究"，载《中国地质大学学报（社会科学版）》2016 年第 4 期。

题的认识也由孤立和分散走向系统和整体，生态环境作为一个整体和系统的概念，也更符合法律发展过程中对生态环境问题的认识；③生态物权是以生态环境为客体进行的理论研究，生态环境作为一个整体在法律出现时，被人为地区分为宏观、中观、微观三个层面，生态环境不同于生态要素，其在微观中可以以某一要素为主体而形成一个生态系统，但是作为一个系统，其具有一定的耐受力和张力，要素的变化未必就能带来生态环境功能的失衡，因此脱离了生态环境的整体概念，讨论生态要素的生态利益，进而分析其生态价值，这一观点有失偏颇。

就生态物权的研究来看，无论是民法学者还是环境法学者都主张物权制度具有环境的关怀，可以在环境保护领域发挥重要的作用。王利明教授在"民法典的时代特征和编纂步骤"一文中提出，民法典必须对资源环境逐渐恶化趋势的新时代社会特征作出回应[1]；叶知年教授在《环境民法要论》一书中提出运用民法中的一些制度进行环境保护的现实可能性，"环境权需要私法的手段来使其得到真正的实现"[2]；楚道文教授在"物权的生态化研究"一文中提出物权具有环境关怀，"物权的生态化是物权法的创新"[3]；崔建远教授在《准物权》一书中指出，在人与自然关系发生变化后，准物权制度是物权法回应生态环境问题时的发展与创新[4]；杨立新教授在《民法物格制度研究》一书指出了物权理论在新时代的变化[5]。在物权客体

---

[1]　参见王利明："民法典的时代特征和编纂步骤"，载《清华法学》2014年第6期。

[2]　叶知年等：《环境民法要论》，法律出版社2014年版，第2页。

[3]　楚道文："物权的生态化研究"，载《政法论丛》2008年第1期。

[4]　参见崔建远：《准物权研究》，法律出版社2003年版，第1～17页。

[5]　参见杨立新主编：《民法物格制度研究》，法律出版社2008年版，第5～12页。

研究过程中，杨立新教授认为放弃物必有体理论是现代物权法研究的起点和基础，从物的自然属性与社会属性的结合重新界定物的概念；崔建远教授指出了时空结合观和弹性的认定标准界定物权客体特定性的可行性，在对物权客体进行历史梳理、关注物权法的历史沿革时，可以发现物权客体是一个不断发展的过程，从有形物到无形物，自然力、空间等都被纳入了物权客体范畴，为生态环境进入物权客体范畴奠定了理论基础和现实的依据。相对于民法学者的保守和慎重，从物权法现有权利的生态化改造来顺应社会发展的潮流，环境法学者更为开放和激进，主张将生态环境所承载的生态利益纳入物权法的调整范畴。吕忠梅教授主张在物权体系中建构生态性权利，除原有物权的生态化外，还创设性建构了环境使用权的概念；[1]朱谦教授认为应当确立环境物权制度，将良好环境的享有、使用权纳入环境物权法的调整中来；[2]李庆海教授在分析环境物权的本质和功能的基础上，提出应在用益物权和担保物权之外建立环境物权，拓宽了物权的外延；[3]邓海峰教授则分析了物权客体的特殊性后，从环境容量作为一种自然力的功能性载体，具有可感知性、可确定性和相对的可支配性进行论证，认为其应是准物权的一种新的类型；[4]王清军教授主张强行将生态利益纳入物权法的规制范畴，与传统物权理论相抵触，可以仿效英美法系国家的新财产权理

---

〔1〕 参见吕忠梅：《沟通与协调之途——论公民环境权的民法保护》，中国人民大学出版社 2005 年版，第 164～186 页。

〔2〕 参见朱谦："环境权问题：一种新的探讨路径"，载《法律科学.西北政法学院学报》2004 年第 5 期。

〔3〕 参见李庆海、徐同浩："环境物权的本质与功能"，载《沈阳工业大学学报（社会科学版）》2009 年第 4 期

〔4〕 参见邓海峰："环境容量的准物权化及其权利构成"，载《中国法学》2005 年第 4 期。

论，在物权之外探索新的财产权保护制度〔1〕。在物权客体的研究过程中，吕忠梅教授提出以环境资源整体作为环境使用权的客体；〔2〕邓海峰教授提出以环境容量作为物权客体；〔3〕杜寅博士主张物权法中自然资源客体可以同时承载生态利益的内容〔4〕。在物权内容方面也有生态利益、生态功能、环境生态惠益的争执，但都对物权体系建构过程中经济价值的重要性有着共同的认识，都认识到了生态利益转化为经济价值才有为物权保护的可能。因此生态环境损害的经济计算方法也是研究的重点，刘春腊教授对生态价值评估进行具体研究，并提出可供操作的方法；〔5〕日本学者使用替代性方法，通过比较生态环境使用前后的经济收益计算生态利益的经济价值；〔6〕2016 年印发的《生态环境损害鉴定评估技术指南 总纲》以政策文件的形式统一了生态环境损害的鉴定方法，这也为从生态利益到生态价值架通了桥梁。

　　从私法语境下研究生态环境保护问题，将生态环境问题的原因归结于财产权制度的缺位，国外关于这方面的研究起步较早。在古希腊时期亚历山大就已经提出公共事物所受到的照料也最少，20 世纪西方经济学家发现生态环境产权制度的建构与自然资源的利用与保护有着直接的关系，哈丁博士提出了"公

〔1〕　参见王清军："排污权法律属性研究"，载《武汉大学学报（哲学社会科学版）》2010 年第 5 期。

〔2〕　参见吕忠梅：《沟通与协调之途——论公民环境权的民法保护》，中国人民大学出版社 2005 年版，第 173 页。

〔3〕　参见邓海峰：《排污权——一种基于私法语境下的解读》，北京大学出版社 2008 年版，第 74 页。

〔4〕　参见杜寅："环境生态惠益的物权化研究"，载《中国地质大学学报（社会科学版）》2016 年第 4 期。

〔5〕　参见刘春腊等："基于生态价值当量的中国省域生态补偿额度研究"，载《资源科学》2014 年第 1 期。

〔6〕　参见叶知年等：《环境民法要论》，法律出版社 2014 年版，第 156 页。

地悲剧"理论，引起了普遍的共鸣，人们开始通过产权制度来探寻解决问题之道。以此为背景，经济学家科斯提出明晰产权主体、界定产权内容的私有化制度来解决"公地悲剧"；美国著名法学家波斯纳法官（1992）则明确反对自然资源的公共所有权，认为这样的制度安排缺乏效率；埃莉诺·奥斯特罗姆（2000）以制度经济学为分析方法，以基础设施政策研讨为例，分析了制度激励与可持续发展之间的关系，在分析了集权治理和分权治理的基础上，提出了针对公共事务的多中心治理理论；朱迪·丽丝（2002）在考察资源可得性的空间分布、资源开发与消费，以及自然资源所创造财富和利益分配的基础上，分析了经济势力、行政结构和政治体制之间的相互作用，指出了资源配置问题的复杂性；霍斯特·西伯特（2002）分析了处理环境问题的不同政策方法，从经济学的角度解释作为稀缺资源的环境，研究环境配置问题；加里·D. 利伯凯普（2004）以案例的形式对矿产权进行了研究和探讨。[1]西方自由市场环境保护主义者认为在环境物品上不应当存在任何公共财产权，但是19世纪英国私人林地者砍光自身林木的事实和20世纪70年代"博茨瓦纳草地私有化政策"证明并不是所有环境物品私有化都是有效的和有效率的环境保护；[2]传统的福利经济学则认为由于

---

〔1〕 参见 Richard A Posner, *Economic Analysis of Law*, Boston: Little, Brown and Company, 1992, p. 84；[美] 埃莉诺·奥斯特罗姆、拉里·施罗德、苏珊·温：《制度激励与可持续发展——基础设施政策透视》，毛春龙译，上海三联书店 2000 年版；[英] 朱迪·丽丝：《自然资源：分配、经济学与政策》，蔡运龙等译，商务印书馆 2002 年版；[德] 霍斯特·西伯特：《环境经济学》，蒋敏元译，中国林业出版社 2002 年版；[美] 加里·D. 利伯凯普："经济变量与法律的发展：西部矿业权案例"，载李·J. 阿尔斯通等编：《制度变革的经验研究》，罗仲伟译，经济科学出版社 2003 年版。

〔2〕 参见 [美] 丹尼尔·H. 科尔：《污染与财产权：环境保护的所有权制度比较研究》，严厚福、王社坤译，北京大学出版社 2009 年版，第 87 页、第 105~107 页。

外部性导致的市场失灵，需要政府的干预；[1] 丹尼尔·H. 科尔
(2009) 则认为当前在环境保护领域中，没有任何一种财产权安
排在任何情况下总是最优的财产权体制；汤姆·蒂坦伯格
(2011) 分析了环境的基本经济方法，设计基础价值，以及将这
些价值转换成相关政策的过程 [2]。

四、 研究内容与方法

(一) 研究内容

本书以问题为导向，在生态物权理论证成的基础上，提出
生态物权法律实现的路径。本书的主要内容有：

1. 问题提出

随着生态环境问题所关涉社会领域的广度和深度的不断扩
张，人们对工业文明下的发展理念和发展方式进行反思，提出
了生态文明理论，重塑人与生态环境的关系。生态环境所承载
的生态利益被纳入了法律调整的范畴，但行政监管的不足、法
律进化的特征以及环境法发展的需要，使私法调整生态利益成
为当前研究的重点问题。《物权法》作为财产法的基础，所蕴含
的环境关怀使其不能自我封闭与自我隔绝，也需要对自身的价
值理念和法律体系进行生态化的改造，以回应和顺应环境时代
的社会需求。但《物权法》在生态利益的财产属性彰显的情况
下，仍选择忽视的做法不能不说是物权生态化过程中的一个遗
憾。在生态利益载体和生态环境的物性形成共识的情况下，环

---

〔1〕　参见 [美] 丹尼尔·H. 科尔：《污染与财产权：环境保护的所有权制度
比较研究》，严厚福、王社坤译，北京大学出版社 2009 年版，第 87~88 页。

〔2〕　参见 [美] 丹尼尔·H. 科尔：《污染与财产权：环境保护的所有权制度
比较研究》，严厚富、王社坤译，北京大学出版社 2009 年版，第 3 页；[美] 汤姆·
蒂坦伯格：《环境与自然资源经济学》，金志农等译，中国人民大学出版社 2011 年
版。

境法学者从物权制度出发研究如何保护和调整生态利益，提出了环境物权的概念，协调生态环境上的生态利益和资源利益，但没有得到民法学家的认可和承认，自身也存在很大的争议。随着社会实践的发展和《民法总则》对绿色原则的确认，生态利益私法表达和物权应对的研究再次成为一个热点问题。

2. 概念界定

在厘清了生态物权与环境物权概念的区别之后，生态物权的概念采用了主体、客体与内容的界定方式，以一般民事主体为权利主体，以生态环境为权利客体，以生态利益为权利内容和基础，是权利人对生态环境之上的生态利益使用和收益的财产权。生态环境作为物权客体存在难以特定的问题，这也是其适用物权调整的最大障碍。但是随着准物权制度在物权法中的确定，时空结合观和弹性的认定标准，使生态环境在现有的技术条件下，通过公权力的干预，也具有了明显的特定性。生态利益的价值量化是生态物权生成的另一个障碍，生态利益的价值计算一直是学科难题，在目前也存着很多科学计量方法，随着《生态环境损害鉴定评估技术指南 总纲》的全面实施，这一技术性问题有了统一的政策基础，使生态利益价值转化问题迎刃而解。随着障碍的解除，生态物权的成就也具有现实的基础和理论的可能。

3. 权利选择

生态物权具有区别于传统物权的特征，其客体生态环境具有一体两面性的特征，资源利益和生态利益同时被纳入了法律的调整范畴，然而这两种利益并非共进的关系，而是一种对立统一的关系，资源利益下的利用最大化和生态利益下的损害最小化意味着对生态环境要采取保护性开发和利用，这也引起了调整资源利益的私法与调整生态利益的公法之间的冲突和扞格。

因此作为新型权利的生态物权并不是单纯的公权或者私权，而是法律之间交叉和融合的结果，具有浓厚的公权色彩，实质上又属于私权的范畴，与物权中新类型准物权有着同样的特征，是准物权的发展和创新。

4. 权利变动

权利取得是权利变动的基础和前提，因权利客体和内容的特殊性，生态物权的取得是以行政赋权为主要的方式，同时考虑到生态环境天然禀赋优势和劳动作为生态利益生成的关键因素，采取以行政赋权为主，以其他取得方式为辅的方法。凡物权必有公示，生态物权的公示，因客体的物理形态的特殊性，宜采取登记的公示方式。权利行使过程中，考虑到同一客体上面存在数个生态物权，可以根据生态物权内容和目的上差异确立生态物权行使的先后顺序。

5. 法律实现

理论证成是生态物权的法律构造的前端，生态物权要上升为法律权利才有成为实有权利的可能，因此法律制度的构造是生态物权能否落地的关键。生态物权是环境法与民法交叉和融合的产物，兼有公法与私法的特征，因此权利的法律实现也需要两法之间的协调和平衡。而且作为建立在生态环境的所有权的基础上的他物权，在生态环境的所有权没有得到民法确认的情况下，生态物权的法律建构应以渐进的方式分步进行。生态利益分为基于生存所需的生态利益和基于发展所需的生态利益两大类，基于生存所需的生态利益是由公法以强制性的法律规定进行保障和实现，基于发展所需的生态利益则是生态物权建构的基础和内容，因此确保生态安全和生存所需的生态利益的生态红线制度是建构生态物权的基础制度。此外生态利益进入物权法的调整范畴，其价值转化和初始分配也是生态物权的核心问题，因此生态物权的法律实现主要是围绕着生态红线制度、生态利益的价值量化制度和初始分配制度进行。

（二）研究重难点

基于权利建构的几个关键因素考虑，本书需要解决以下重点、难点问题：

1. 生态物权客体生态环境的特定性问题

生态环境作为整体和系统，其不像一般的物权客体一样，可以通过物的物理特征和外部形态进行特定界定，其以整体系统出现时具有难以区分和难以直接支配的特点，这也是将生态环境纳入物权客体的最大障碍，是阻碍生态物权生成的关键因素，因此生态环境的特定性问题是本书研究的重点问题。

2. 生态利益使用私法调整的可行性问题

生态利益作为公共利益，对公法的调整有着天然的亲近，而且生态利益是关涉生存与发展的基础利益，如果不对生态利益加以区分，采用笼统保护的方式，则当然宜用公法进行调整。但生态利益除生存所需的最低保障外，还关涉发展所需，而发展所需的生态利益的分配失范与失衡，对公民意识开始觉醒的普通民众来说并不公平。因此如何区分基于生存所需的生态利益和基于发展所需的生态利益是关系到生态物权能否成就的核心，这也是本书理论的基础和重点内容。

3. 生态物权的法律实现问题

理论上证成仍停留在应然层面，上升为法律权利才有成为实在的可能。同时兼有环境法和民法的特征，这对生态物权的法律实现来说，单靠任何一部部门法都无法完成对生态物权的构建工作，需要两法之间进行交流和合作，但是这就要求有着不同价值理念和侧重点的两部法律之间进行适当的变通和创新，对趋于成熟和健全的法律部门来讲存在着理论上的困难。

（三）研究方法

本书拟采取以下几种研究方法进行撰写：

1. 文本分析法

对《民法总则》第 9 条和《物权法》进行文本分析，分析在绿色原则得到法律确认后对于整个民法体系的冲击和影响；分析《物权法》对于物权生态化阶段性成果的确认，以找出生态化改造过程中忽视生态利益的原因。

2. 文献分析法

通过对国内外有关生态环境保护与开发利用的经济学、法学和生态学等领域文献资料的收集、整合，掌握生态物权研究的热点和盲区，重点围绕生态物权建构的困境展开深入的分析和讨论。

3. 比较分析法

通过横向的国内外比较，借鉴英美法系国家新财产权理论对物权进行变通解释。通过纵向的历史性梳理和比较，分析物权客体的概念和内容的变迁，阐释现代物权体系生成的全过程，借以论证生态利益之于生态物权建构的意义。

第一章
生态物权的提出

　　社会价值体系与社会文明发展的冲突，需要一次价值观的革命，正是这场价值观的革命必将人们带向一种新的文明时代——生态文明时代。[1]这场价值观革命中对人与生态环境之间关系的反思，带来生态环境法律地位的变化，也形成了对生态利益这一新型正当利益的共识。生态利益在法律调整和保护中的困境、法律进化过程中公法与私法融汇的显现，使生态利益适用私法的保护成为可能，这也奠定了生态物权形成的社会条件和法律的基础。《民法总则》对绿色原则的确认，为接纳新型的民事权利开拓了空间，民法学者对于物权生态化的认识和环境法学者对于生态利益的物权保障的研究为生态物权的诞生和形成奠定了理论基础。

第一节　　生态文明的提出与生态利益的彰显

一、　生态危机下生态文明建设理论的形成

　　现代初期伊始，人类不容置疑的奋斗目标是取得对自然界的支配地位，直到现今这依然是部分人的目标。新技术的广泛推广与运用，人类对自然的利用向纵深发展，世界上充满了人类

---

　　〔1〕　参见陈泉生、张梓太:《宪法与行政法的生态化》，法律出版社 2001 年版，第 46 页。

活动的痕迹，人类甚至开始突破地球的桎梏向宇宙进发等，这一切表明人类对自然界支配地位的取得似乎已是触手可及的目标。

然而"控制自然这个词是妄自尊大的想象产物，是生产学和哲学还处于幼稚阶段时的产物"[1]，恩格斯指出人类对于自然界的征服，最终都会遭到自然界的报复，从而将人类所取得的微不足道的胜利被最终抹杀[2]。强人类中心主义指导下人类改造和利用自然能力的增强、无节制的活动范围的扩大、恣意利用生态环境行为的延展和对生态利益的选择性漠视，使环境污染和生态破坏事件频繁发生。以工业污染和生态环境破坏为重要特征的第一代环境问题和以生物多样性破坏和全球气候变暖为特征的第二代环境问题的接踵出现，标志着环境风险高发期的来临，而震惊世界的"新旧八大公害事件"[3]的发生，意味着生态环境问题由功能走向结构，由局部走向整体，成为影响到人类的生存与发展和应予关注的普遍性社会问题。《世界资源报告（2000-2001）》显示："下世纪全球 CO_2 浓度将达到工业化前浓度的一倍，经济发展呈现了高碳排放的特征"[4]；

---

〔1〕　［美］蕾切尔·卡森：《寂静的春天》，吕瑞兰、李长生译，上海译文出版社 2011 年版，第 2 页。

〔2〕　参见于光远等译编：《恩格斯：自然辩证法》，人民出版社 1984 年版，第 304~305 页。

〔3〕　旧八大公害事件：1930 年比利时马斯河谷事件、20 世纪 40 年代美国洛杉矶光化学烟雾事件、1952 年英国伦敦烟雾事件、1953 年的日本水俣病事件、1955 年日本富山的骨痛病事件、1961 年日本四日市哮喘事件、1968 年日本爱知县米糠油事件、1948 年美国多诺拉事件；新八大公害事件：1976 年意大利塞维索化学污染事故、1979 年美国三里岛核电站泄漏事故、1984 年墨西哥城液化气爆炸事件、1984 年印度博帕尔农药泄漏事件、1986 年苏联切尔诺贝利核电站泄漏事故、1986 年瑞士巴塞尔赞多兹化学公司莱茵河污染事故、全球大气污染和非洲大灾荒。

〔4〕　联合国开发计划署等编：《世界资源报告：2000~2001·人与生态系统——正在破碎的生命之网》，国家环保总局国际司译，中国环境科学出版社 2002 年版，第 22 页。

《2015 年联合国世界水资源开发报告》指出 2025 年全球大部分人口将面临饮水危机；在 2017 年 12 月召开的第三届联合国环境大会上，环境署提交的《迈向零污染地球》显示，因生态系统破坏所导致的死亡人数占全球每年总死亡人数的 1/4，污染与健康委员会提交的《柳叶刀》显示，污染所造成的福利损失每年约 4.6 万亿美元，相当于全球经济产出的 6.2%[1]。生态危机就是用来形容生态环境问题的持续恶化，影响人类生存与发展的社会现象。生态危机的出现使人们对人类在自然界中的位置以及与其他物种的关系产生了怀疑和动摇，生态环境问题的广泛性与普遍性、多维性与复合性，使生态危机超越了环境科学的范畴，成为波及社会全领域、全方位的课题，探寻生态危机产生的根源也成为当前不同学科研究的前沿问题。生态伦理学认为西方的以人类为中心的发展观是生态危机产生的根源；[2]西方马克思主义以工具理性为研究范式，从意识形态领域和社会文化领域探究生态危机产生的根源；生态学马克思主义从发展方式和发展理念出发，认为生态危机的根源在于资本主义不可持续的经济发展方式；[3]有机马克思主义批判了现代性问题，认为价值同构是解决生态危机的办法。

　　但生态危机作为生态环境问题在社会领域的反映，也是人类的生存与发展危机，生态危机的趋同化和全球化使隔断生态

　　〔1〕　参见 "第三届联合国环境大会在内罗毕开幕"，载 http://world.people.com.cn/n1/2017/1204/c1002-29685380-3.html，最后访问日期：2018 年 3 月 20 日。

　　〔2〕　生态危机产生的根源，生态伦理学中的浅层生态学认为是科学技术，深层生态学则认为是西方的物化自然、追求经济增长的发展观。参见董彪、张茂钰："生态危机的人学反思——兼论 '绿色发展观'"，载《求实》2017 年第 4 期。

　　〔3〕　参见 [美] 马尔库塞：《现代文明与人的困境——马尔库塞文集》，李小兵等译，三联书店上海分店 1989 年版；[美] 菲利普·克莱顿·贾斯廷·海因泽克：《有机马克思主义：生态灾难与资本主义的替代选择》，孟献丽、于桂凤、张丽霞译，人民出版社 2015 年版。

环境问题的历史性探究，生态伦理学、关注技术理性和异化消费的西方马克思主义、淡化阶段矛盾的生态马克思主义和反对全球经济的有机马克思主义的研究仍需要回到人的思想方式和发展方式上来应对和解决生态危机，人类与自然的紧张关系需要从人类的发展观念、发展方式等来加以调适。[1]在传统的发展理念中，资本增殖的逻辑在人与自然的关系中居于统治的地位，生态环境被量化和物化，被无节制地开发和利用，这是导致环境不正义的重要原因。从更深层次来看，生态危机中的环境问题的各种社会表征，也是现代工业文明的价值观念和文化意识的危机，也是当前人与生态环境关系上理解的偏差和认识的不足。因此在对现代化的发展理念和发展方式进行反思的过程中，生态文明作为对传统发展方式和发展理念的矫正和超越和解决生态危机的路径被提了出来，受到普遍的关注和认可。

　　生态文明是对过去文明形态下发展思维的生态化扬弃，是文明制度架构和文明核心理念层面的全面转向，它建立在对人与生态环境关系的反思的基础上，是对当前社会现实状况的回应。生态文明理论是一种整体性思维，蕴含了生态化和绿色的发展理念，是在尊重自然基础上实现人与自然和谐共进，在对生态环境进行开发和利用时，以损害最小化为指导思想，尽量减少对生态环境的危害，以绿色发展为基本路径，以维护生存与发展所需的良好的环境品质为目标，在保障生态环境的结构和功能稳定，维护环境正义等方面所取得的物质、文化等成果的总和。[2]相对以往的发展理念中对资本增殖的追求而言，作

---

〔1〕　参见董彪、张茂钰："生态危机的人学反思——兼论'绿色发展观'"，载《求实》2017年第4期。

〔2〕　参见王树义、周迪："生态文明建设与环境法治"，载《中国高校社会科学》2014年第2期。

为后工业文明时期的重要内容，生态文明理论是对工业文明的矫正和超越，生态文明理论下人与自然的关系由对立走向统一，由支配和利用转向和谐与共生，通过对人与自然关系的反思，重塑生态环境在社会发展中的地位，构建共生共融的人类生命共同体，实现人与自然和谐的终极价值追求。自党的十七大报告中提出"建设生态文明"之后，党的十八大、十九大都将促进生态文明体制的改革和建设美丽中国作为社会建设的重要内容，掀起了生态文明建设的热潮。

二、 生态危机下生态环境的法律地位反思

在人类社会的发展历史中，在强人类中心主义和科技中心主义的支配下，生态环境首先作为资源被人们所接受和认知，在主客二分的研究方法下，其是被利用和使用的客体。生态环境中资源的有限性，使资源的开发和利用需要借助于法律的权威来保障其有序和有效的进行。效率作为法的基本价值，是经济分析方法在法律制定和运作过程中的应用的体现。从实物本位转向价值本位的物权法，效率原则集中体现为对物的多极利用和立体利用，强调物的利用最大化。生态环境"作为一种生产要素的资本"[1]，为现代物权制度所确认，资本的逻辑在其中居于重要的地位，影响了物权法规范建构和制度，在传统主客二分的法律研究方法中，其处于法律客体地位，为人类所支配和利用。随着生产力的提高，人类利用和控制能力的增强，在追求财富的欲望驱动下，资本的逻辑体系也在不断地扩张，越来越多的生态要素被纳入资本的体系，为法律所确认。"每一个人对于住宅、衣服、车马、家具等舒适品和装饰品方面的欲望似乎是

---

〔1〕 郑柏茹："生态危机的经济哲学透视"，载《科学·经济·社会》2016年第1期。

没有限制和确定界限的"[1]，以致"物品彻底地与某种明确的需求或功能失去了联系"[2]。因此在以经济性符号为桥梁沟通了异质的社会，通过简化为经济价值的形式，人们量化了不同物质之间的关系，并以效率为基本价值追求，致使忽视了生态环境的生态属性，生态环境被恣意利用，环境迅速恶化。

对生态环境的单面认识，导致了生态危机的产生，对生态环境的多极、立体和整体认识使生态环境的多重价值得以彰显，生态环境的法律地位也随之发生了变化。自生态环境问题成为广泛的社会性、政治性议题后，对其研究的深度和广度不断拓展。生态环境的整体性和系统性得到了广泛的承认，是生态要素交互影响、互相作用的结果，蕴含了生态性、经济性与社会性的价值。美国学者霍尔姆斯·罗尔斯顿认为生态环境承载了生命支撑价值、经济价值、消遣价值、科学价值、历史价值、保护基因多样化价值、审美价值、文化象征价值、生命价值、宗教价值、性格塑造价值等多种价值，[3]而且随着人类认识和理解能力不断提高，其价值体系仍然处于不断的变化当中，呈现出多样性与统一性。因此生态环境在法律中的体现，不应仅仅关注资源价值，还应关注其他的价值，"这与被研究事物的多维度、多样性、多因性、多基源、多中心或者多元决定论有关，它引起在认识方法上的多视角、多原理、多观点。"[4]

---

〔1〕 [英] 亚当·斯密：《国富论（上卷）》，唐目松等译，华夏出版社 2005 年版，第 158 页。

〔2〕 [法] 让·鲍德里亚：《消费社会》，刘成富、全志钢译，南京大学出版社 2014 年版，第 1 页。

〔3〕 参见 [美] 霍尔姆斯·罗尔斯顿：《环境伦理学：大自然的价值以及人对大自然的义务》，杨通进译，中国社会科学出版社 2000 年版，第 3~23 页。

〔4〕 [法] 埃德加·莫兰：《复杂性思想导论》，陈一壮译，华东师范大学出版社 2008 年版，第 3 页。

生态环境多重价值的发现使人类不得不反思生态环境的法律地位，从人类对生态环境的依赖出发，重审人类作为生态环境的组成部分，与生态环境之间应是和谐共生的良好关系。人类在长期的生产、生活中与生态环境存在交相与共的利害关系，"人与自然是生命共同体"[1]，人的生存、发展对于生态系统有着与生俱来的基本需要，"我们连同血、肉和脑都是属于自然界并存在于其中的"[2]，因此"人类必须树立尊重自然、顺应自然、保护自然的生态文明理念"[3]。

生态环境法律地位的转变对于仅关注其经济价值的《物权法》而言，既是限制也是机会，用新的思维方法去审视原有物权制度，对过度强调生态环境资源利用的部分进行限制，达到生态属性与资源属性的协调，同时新的利益可以转化为经济价值的部分也可纳入财产法的基础——《物权法》的保护中，在利用中保护，在保护中利用，融利用和保护于一体。

三、 生态危机下生态利益的发现和认知

社会利益体系是个动态的开放的概念，是社会活动的中心和主题，是人类社会发展的基本动因，随社会的变化而不断地丰富和发展。马克思说："人们奋斗所争取的一切，都同他的利益有关。"[4]从利益的起源来看，利益与利益主体对利益客体的

---

[1]《决胜全面建成小康社会　夺取新时代中国特色社会主义伟大胜利——在中国共产党第十九次全国代表大会上的报告》。

[2] 于光远等译编：《恩格斯：自然辩证法》，人民出版社 1984 年版，第 305 页。

[3] 胡锦涛：《坚定不移沿着中国特色社会主义道路前进　为全面建成小康社会而奋斗》，人民出版社 2012 年版，第 39 页。

[4] [德] 马克思、恩格斯：《马克思恩格斯全集》（第 1 卷），中共中央马克思恩格斯列宁斯大林著作编译局译，人民出版社 1956 年版，第 82 页。

认识有关，随着利益主体需求的多样性而发生变化，呈现动态开放的趋势。关于利益的起源，有需要说、生产力说、社会实践说等几种观点：需要说认为利益是需要的社会性体现，其物质内容是人们生存和发展的需要；生产力说认为需要只是利益产生的心理诱因，社会生产力生产出满足人们需要的利益；社会实践说认为实践活动沟通了客体对象同主体需要的关系，把具有满足主体需要特性的客体对象转化为利益。[1]纵观这几种学说，可以发现，利益的起源与社会主体的需要有着密切关系，需要是利益产生和利益谱系发展的内在诱因，"为了生活，首先就需要衣、食、住以及其他东西。因此第一个历史活动就是生产满足这些需要的资料，即生产物质生活本身。"[2]利益是好处或者潜在的好处，是社会性的评价和价值判断，是社会主体的一种活动，用以反映社会主体与社会主体之间、社会主体与其他事物之间的价值关系。因此利益具有明显的主体性特征，凸显了人类社会存在的主体性层面。利益的内在本质是在人对自然物品的需求中表现出来的规定性与自然需要而进行的社会交换中形成的规定性，[3]是利益客体的客观属性在人类社会中的有用性的投影，利益客体功能多样性的彰显赋予了利益内容明显的客观性。因此利益具有自然性与社会性的统一、主观性与客观性的统一、排他性与兼容性的统一的典型特征，作为社会主体用以描述某一事物与其关系的价值判断，利益是事物本身的多样性属性体现，受社会物质生活条件和社会主体的认识能

---

〔1〕　参见张玉堂："近年来利益问题研究综述"，载《哲学动态》1998年第4期。

〔2〕　[德]马克思、恩格斯：《马克思恩格斯全集》（第1卷），中共中央马克思恩格斯列宁斯大林著作编译局译，人民出版社1956年版，第32页。

〔3〕　参见张玉堂："近年来利益问题研究综述"，载《哲学动态》1998年第4期。

力的制约，是一个不断分化和进化的过程。

当生态危机、生态文明成为各个领域的高频词汇，"以这种危机状态为背景，国民们认识到自然的重要性，开始意识到过去一直以为是无价值的天然资源和自然景观等，对于国民来说是无法替代的资产。"[1]"法学研究者率先将生态系统满足人的环境需要的属性赋予'利益'的术语，不懈地推动立法者将生态利益提升为法律保护的利益，并加强生态利益的法律保护。"[2]生态利益是生态系统本身具有的属性，是生态系统对人的有用性在社会意识层面的投影，是生态系统的内在属性，而受制于社会历史条件和人们认识的局限，可以自由获取与使用的生态利益，由于缺乏广泛的社会的认可和普遍的社会共识，致使在生态利益保护和调整中出现了集体的冷漠与失语。然而在人类漫长的发展历程中，在生态环境问题集中爆发之前，从没有关于生态利益的理论研究，罗斯科·庞德在其编撰的《法理学》（第三卷）中对社会利益和个人利益进行"门捷列夫元素周期表式"的详细分类，其中也没有生态利益的位置。[3]因此生态利益是在生态环境问题出现后才被提出的，[4]具有明显的时代特征。社会的关注和认可、生态危机的显现以及人们对良好生态环境的普遍需求，使生态利益由隐性走向显性，作为一种新型的正当利益形态，推动了社会利益谱系的丰富与发展。

生态利益的发现和共识，开拓了法律的新视野，从实质来

---

〔1〕 ［日］原田尚彦：《环境法》，于敏译，法律出版社 1999 年版，第 66 页。

〔2〕 梅宏："生态损害：风险社会背景下环境法治的问题与思路"，载《法学论坛》2010 年第 6 期。

〔3〕 See Roscoe Pound, *Jurisprudence* (*Volume* Ⅲ), West Publishing Co, 1959, pp. 25~30, 268~291.

〔4〕 参见徐祥民、朱雯："环境利益的本质特征"，载《法学论坛》2014 年第 6 期。

看，生态环境问题是生态利益分配的失衡与失范，将生态利益纳入法律利益谱系，用分配正义理论指导其法律体系的建立，对于从根本上解决生态环境问题有着重要的意义。作为新型的正当的利益，生态利益同样具有经济量化的可能，当前随着技术手段的运用，可以通过间接的方法用货币的形式来计量生态利益。在人们将生态环境问题归结为财产权制度缺失的情况下，生态利益的价值转化也为财产权制度的适用奠定了基础。

第二节　生态物权生成的物权法考察

一、　生态文明理论指导下的物权法生态化进程

（一）生态文明理论对物权体系的影响

生态文明在应对生态危机的过程中提出，其对人与生态环境关系的反思涉及了社会各个领域，其对人类生存与发展所需生态利益的多维度深省以及对生态环境的多重功能的认知，为社会学科的发展开拓了新的领域和篇章，引导着社会结构的变革和法律发展的转型。法律作为文明的产物，既是维持文明的工具，也是增进文明的途径，[1]从法律与文明的关系来说，法律是维系生态文明和增进生态文明建设的主要路径，生态文明建设也推动了社会学科尤其是法律领域的生态化浪潮。

在法律发展历程上呈现无法治无生态——有法治无生态——有法治有生态的几个阶段。在有法治无生态的法律发展阶段，生态环境的生态属性在法律中并没有得以体现。法律中所出现的生态要素，以单个的形式出现，因其资源属性和可支配性

---

〔1〕参见［美］罗斯科·庞德：《法律史解释》，邓正来译，中国法制出版社2002年版，第37页。

而纳入法律的调整范畴，法律中出现的"春三月，山林不登斧，以成草木之长；夏三月，川泽不入网罟，以成鱼鳖之长"[1]，虽然涉及生态要素的保护，但仍基于其资源属性和持续利用的考虑，这也是当时的社会发展所决定的。早期的生态环境问题是由农业开发和战争所致，因生产力低下，对生态环境利用的广度和深度有限，虽偶有生态破坏和环境污染事件的发生，但并没有危及人类的生存与发展，这导致了生态环境的生态属性并没有得到广泛的认可和法律的确认。生态危机的出现和生态文明建设的开展，使法律开始关注环境保护功能的发挥，法律的发展也进入了有法治有生态的阶段，开启了法律的生态化进程。所谓法律的生态化是用生态化思想和研究方法全面审视我国法律的发展与进化，指导我国法律体系、法律思想、法律制度、法律规范的与完善，从而推动生态文明社会的建设，实现人与自然的和谐共生，建设人类生命共同体。[2]

2009 年制定的《中华人民共和国侵权责任法》（以下简称《侵权责任法》）专设第八章"环境污染责任"（第 65~68 条），确认了环境侵权的特殊构成要件[3]：污染行为、归责原则和因果关系等，对环境侵权实践和理论进行了高度的总结和概括，强化了环境侵权行为是一种新型的特殊的侵权类型的普遍性认识。[4]随着《侵权责任法》的法律确认，环境侵权案件的审理如火如荼地进行，社会实践的变化推动了法律的发展和细化，2015 年最高人民法院针对环境侵权案件的审理作出了司法解释，

---

〔1〕 （汉）刘向编著：《逸周书·大聚解》。

〔2〕 参见蔡守秋："论我国法律体系生态化的正当性"，载《法学论坛》2013 年第 2 期。

〔3〕 参见陈海嵩："论环境法与民法典的对接"，载《法学》2016 年第 6 期。

〔4〕 参见张新宝、庄超："扩张与强化：环境侵权责任的综合适用"，载《中国社会科学》2014 年第 3 期。

对《侵权责任法》第八章的规定予以细化和具体化，[1]体现了"建设美丽中国"背景下环境侵权责任的新发展[2]。在理论研究方面，私权手段在环境法领域的适用还有：将环境法中的环境容量纳入物权体系，建立环境物权体系；[3]契约制度在环境中的运用，"合同法提供自然资源环境权交易模式"[4]，"排污权交易的制度设计，明显利用了民法中合同法的制度和理念"[5]；人格权与环境法相衔接，提出了环境人格权的概念。但就目前理论研究来看，除环境物权的争议外，民法学者对环境人格权也有所疑问，认为其原本是传统民事权利的类型，对财产权、人身权作扩大阐释即可进行有效的调整，而私权性质本身较强的采光权和通风权等内容，原本就属于物权法中的相邻关系的内容，[6]对于私人景观权益来说，其财产部分可以由物权和债权请求权予以保障，公共景观权益则属于公共物权体系由承担公共服务职能的公权力机关予以维护和保障。[7]

物权法作为财产法的基础和民法的重要内容，以经济理性人为基本的法律人设，以对物的利用最大化的为指导，对物的

---

[1] 参见《最高人民法院关于审理环境侵权责任纠纷案件适用法律若干问题的解释》（法释［2015］12号）。

[2] 参见陈海嵩："论环境法与民法典的对接"，载《法学》2016年第6期。

[3] 参见邓海峰："环境容量的准物权化及其权利构成"，载《中国法学》2005年第4期。

[4] 唐孝辉："内蒙古自然资源生态环境保护的新视角——私法保护"，载《内蒙古民族大学学报》2010年第3期。

[5] 周珂、侯佳儒："环境法学与民法学的范式整合"，载《河海大学学报（哲学社会科学版）》2007年第2期；李明华、侯佳儒："一个分析框架：环境法与民法的对话"，载《中国地质大学学报（社会科学版）》2005年第2期。

[6] 参见徐祥民、张锋："质疑公民环境权"，载《法学》2004年第2期；李旭东："环境权私权化理论的检讨与启示"，载《社会科学战线》2013年第2期。

[7] 参见徐祥民、辛帅："环境权在环境相关事务处理中的消解——以景观权为例"，载《郑州大学学报（哲学社会科学版）》2015年第1期。

经济价值的关注是资本增殖逻辑在法律中的体现，某种意义上生态环境问题的产生也与现代物权制度追求对物的利用最大化有着一定的联系。生态属性与资源属性都是以生态环境及其组成要素为载体，资源属性的利用涉及对生态要素本体的利用，物权制度中对生态属性的忽视，对资源属性的利用最大化，直接导致了生态要素的量和质的改变，打乱了生态利益的供给平衡，因此，在生态文明建设过程中，达到生态属性与资源属性的平衡，以生态化的理论和研究方法修正物权制度是物权生态化和生态环境时代的当然选择。

（二）物权制度对生态危机的路径分析

物权生态化是现代物权制度对社会发展的时代特征进行回应和顺应的结果，所谓物权生态化是用生态文明的理念和生态学的原理方法指导我国物权制度的发展与完善，将生态文明观和生态文明建设贯穿到我国《物权法》制定、修改和完善的全过程。[1]

随着社会的变迁和发展，法律也处于不断的演进和发展当中，生态危机下生态文明理论的形成、生态利益的发现和对人与生态环境关系的反思，给现代物权制度带来新的发展契机。从《物权法》对于生态危机的回应来看，其环境保护功能的发挥主要有以下几条路径：法律解释、法律修改和法律创新。

虽然原有物权制度中并没有刻意关注人与生态环境之间的和谐共生，也没有生态利益的存在，但物权制度作为明晰物之归属的重要制度，规范并形成了物的利用秩序，防止物被肆意地滥用和恣意地使用。如相邻关系对通风、采光、日照等规定涉及了对于生态利益的分配问题，地役权也涉及环境保护的内

---

〔1〕 参见蔡守秋："论我国法律体系生态化的正当性"，载《法学论坛》2013年第2期。

容，对所有权行使的公共利益限制等。物权生态化是包括物权理念、权属类型、权利内容等的全面的生态化改造，但物权生态化并不是要全面的隔绝和断裂，而是在传统物权制度基础上进行扬弃和进化，是对传统物权制度的改造和吸收。物权生态化并不是要改变物权的性质和关注，也不是要改变物权法的理论框架和精神内核，而是在关注经济价值的物权制度中摄入生态元素，实现经济效益和生态效益的协调和共进。生态利益的法学确认使原本利益杂合的社会更加的复杂，生态利益从量上增加了社会利益的形式，与原有利益的交织和重叠使社会呈现了多样化的发展趋势，但并没有使社会结构和社会理念发生根本性的变革，即使生态文明理论是对社会发展理念的矫正。因此在原有的社会基础、法治文化与法治理念没有发生根本变革的情况下，原有法律制度的吸收和继承就是法律演进和法律发展的理想选择。《物权法》是一个相对成熟和完善的法律部门，通过静态的权利设计保障动态的交易安全，权利之间的自洽和衔接、法律精神的锤炼和形成使物权呈现相对闭合的自治系统，物权生态化进程是《物权法》的自我进化和发展。因此在传统物权制度契合了生态文明理念的要求，通过法律解释即可以将其环境保护功能予以表达的情况下，对传统物权制度的吸收和继承就是最佳的选择，既能保持原有体系的稳定，也能满足社会发展的需求。

物权生态化不是革命而是进化，通过生态文明理论审视静态的物权法体系，修正其与环境时代特征相抵触的部分。法律修改也是以立法为基础的法律活动，狭义的法律修改是指对既有法律规范的废止和改变，广义的法律修改是在保持法律稳定的同时包括立法中的废、改、立等活动。法律的修改是保障其良好的状态的途径，[1]利益交织杂合的社会瞬息万变，即使再完善的法律在时代的冲击下，也需要以问题为导向推动法律的修改。2017 年 3 月颁布的《民法总则》增加的绿色原则[2]就是民法体系对于当前生态危机的回应的结果，也是民法生态化的阶段性成果，其中"节约资源"的要求，蕴含了权利不得滥用的内涵，也是对意思自治原则的限制。[3]民法的生态化和绿化对于作为下位法的物权法而言具有重要的指导意义，绿色原则的基本内涵同样适用于物权法体系。现代物权制度是以经济利益为核心而建构起来，以寻求物的价值最大化为基本价值取向，因此现代物权制度的发展是以他物权的丰富为核心，某种意义上物权制度的演进历史就是他物权的演变史，相对于自物权以明晰物之归属为目的，他物权以物之多极利用和全面利用为追求，是以现代物权制度的核心在于物的利用和对利用的限制。民法生态化诞生的绿色原则对于以权利设计为核心的物权法而言，也是对物权制度的限制和制约，因此在上位法做出调整的情况下，对物权法的法律修改也势在必行。

　　法律的发展必须创新，法律的创新是法律不断进化发展的路径之一。尽管法律有着共同的普适性价值，但与各国特殊的国情相适应，各国的法治并不完全相同，即使归属于同一法系的国家，虽然在法律传统上具有共同的特征，但其具体的法律内容仍然千差万别。法律的特殊性和权威性及其对人类行为的约束，使法律的创新不能随意为之，其应遵循基本的法律精神、

---

　　[1]　参见［英］蒂莫西·A.O.恩迪科特：《法律中的模糊性》，程朝阳译，北京大学出版社 2010 年版，第 242 页。

　　[2]　参见《民法总则》第 9 条规定：民事主体从事民事活动，应当有利于节约资源、保护生态环境。

　　[3]　参见张震："民法典中环境权的规范构造——以宪法、民法以及环境法的协同为视角"，载《暨南学报（哲学社会科学版）》2018 年第 3 期。

既有的法律模式和法律原则下有限度的创新。法律的丰富与发展和社会的变迁与发展紧密相连，社会实践的变化和需求是推动法律发展的动力，生态危机的当下，生态文明理念推动的物权生态化，不仅需要通过法律解释和法律修改来完成，还需要对这一时期所出现的新生事物如生态利益进行回应。生态利益具有不同于资源利益的特殊性，一方面其具有满足人类生存需要的特征，另一方面其使用也会带来经济价值的增加，具有财产的属性。因此生态利益中涉及生存权的部分由国家行政强制手段予以保障和配置，国家有保障公民生活所需的最低环境品质的法律义务；此外，生态利益的供给在满足公民生存所需之后，对于涉及发展的部分（在公民的容忍限度内）也可以借助于物权制度来予以调整和规制，实现对这部分利益的高效和充分利用。生态利益进入以关注经济价值为主的物权法领域，这就需要制度的创新，尽管物权法的总体框架和理论内核并不因此发生剧烈的变化，但针对生态利益的特性仍需要特殊的物权制度来予以规定。因此生态元素进入物权法领域的法律创新既有现实的基础，也有理论的支撑，是社会发展到生态文明阶段对法律的需求。

二、 物权法生态化的文本分析

物权生态化是一个渐进的过程，随着人们对生态环境问题认识的加深而逐渐地深化。生态环境问题不仅是生态性问题也是社会性问题，是社会发展、生产力提高所遭遇的常态性问题，具有时间的复合性和空间的压缩性，涉及生产理念、生产方式、生活理念和生活方式等多个方面。因此物权生态化不仅关注具体的物权制度的改造，也要树立尊重生态环境的新型物权观念，将环境保护义务纳入物权的行使中。在当前的社会实践中，物权生态化已经开始，并取得了一定成果。

《物权法》总则通过法律解释将物的生态效用纳入物权法的目的范畴，将生态利益置入公共利益体系阐明物权社会化与生态环境问题有着一定的联系，[1]排除妨害的请求权也有对生态利益的肯定和保护[2]。物权的环境保护功能的发挥无法脱离物而存在，所有权的生态化从物权法所承认和确认的生态环境要素开始，《物权法》第42条中对农用地的保护既有粮食安全的考虑，也有维持农业生态系统的意味，第46~49条和第58条明确土地、森林、矿产资源、水体、野生动植物等自然资源的所有权主体是国家和集体。很多自然资源不仅具有资源属性，还是生态环境的重要组成部分，如森林、水、土地等，对其利用不当，将会导致资源的浪费或者生态问题的出现，因此在用益物权体系中《物权法》第120条规定了对资源合理开发的内容。《物权法》第120条到第123条的内容涉及"海域使用权、探矿权、采矿权、取水权、养殖权和捕捞权"等准物权这一新型的物权类型，[3]是物权法对生态危机回应的集中体现。虽然准物权有别于传统物权类型，在客体、权利内容方面具有明显的特殊性，[4]而且权利源自于行政的赋权，具有浓厚的公权色彩，但从根本上来说其仍属于物权的范畴。

通过对物权法的文本进行分析，可以发现物权生态化通过

---

[1] 参见曹红冰："我国《物权法》生态化理念的体现与补足"，载《求索》2008年第9期。

[2] 参见楚道文："物权的生态化研究"，载《政法论丛》2008年第1期。

[3] 参见楚道文："论物权法的环境关怀——基于《物权法（草案）》第七次审议稿的分析"，载张海燕主编：《山东大学法律评论（第四辑）》，山东大学出版社2007年版，第21~35页。

[4] 准物权客体的特点性需要借助于相对灵活的认定标准、时空结合观念以及对物权立体把握来加以特定。参见崔建远：《准物权研究》，法律出版社2003年版，第20~64页。

赋予传统物权类型新的权利内容和设定新的义务负担两种路径来进行。自然资源使用权的取得，首先通过环境保护义务的先定对权利主体资格进行了适当的限制，其次通过资源有偿使用提高了市场准入的门槛，最后通过不得损害生态利益的规定对权利的边界进行明晰。当个人利益与社会利益之间发生冲突时，法律提供一个共同遵守的博弈框架，通过对于两者之间的权衡，使两种利益之间趋于和谐。[1]在权利内容的赋予主要体现在相邻权的有关规定上，《物权法》第 89 条、第 90 条规定，将通风权、采光权、日照权等公民的生态型权利纳入了相邻关系中，与传统的相邻权相比，生态化后的相邻权的适用范围扩大，不以不动产的毗邻关系为前提，权利保护内容更具有广泛性，不仅包括了直接损害，还包括间接污染和间接危险行为，涉及利益具有多样性，主要通过主体间的相互制衡来保护环境，减少纠纷。

三、　物权生态化的选择与缺憾

（一）　生态化理念有待加深

物权生态化取得了一定的成果，促进了环境保护功能的发挥和自然资源的有效利用。但纵观《物权法》全文，深入分析之后，可以发现虽然《物权法》努力地回应环境时代的种种挑战，并诞生了新的权利类型，某种意义上放弃物权法所固守的理论特质，但在《物权法》的总则中，并没有对生态利益或生态效用的明确界定，主要是学者或实务界在寻求法律依据上对其所作的语义学解释，对公共利益或效用进行的当然解释，但这样的方法使生态化的进展只能是一个"明修栈道，暗度陈仓"

---

〔1〕　参见周林彬：《物权法新论——一种法律经济分析的观点》，北京大学出版社 2002 年版，第 289 页。

的局面，因此物权的生态化进展还有待加深。

从当前世界各国的法律发展来看，在应对生态危机的过程中，各国也积极进行推进物权生态化进程，主要三种路径：①通过原则性规定在物权法中予以明确，越南就采用了这种方式；②保持现有物权体系下，通过法律解释阐明物权法必须符合环境保护的时代特征；③直接在物权法中规定生态性的用益物权或所有权，德国就采用此例[1]。2017 年我国《民法总则》增加了绿色原则的规定，对物权法生态化具有重要的指导意义。但就当前的模式来看，在物权法坚守自己独特的理论内核的情况下，在生态利益如何纳入物权法的保护尚未形成全面共识的背景下，我国物权法生态化就《物权法》的文本分析，仍是以法律解释为基本的路径选择，如对物权行使时的公共利益的限制和对物的效用的语义学解读等。在物权客体方面，虽然部分生态要素因其资源属性被认定为所有权的客体，而且随着资本范围的扩大，越来越多资源属性彰显的生态要素被纳入了权利客体的范畴，但也是被作为生产资料来加以对待，其所承载的生态利益仍被不同程度地忽视，这固然是《物权法》作为财产法的基础而必然以财产属性对生态利益进行筛选的结果，但法律的进化使相互割裂的公法与私法之间出现了融合的表征，物权发展的社会化趋势也使生态化理念有待进一步加深。

（二）生态物权制度的缺席

物权生态化不仅需要从《物权法》本身探讨现有物权体系的生态化改造，还需要对新时代下所出现的具有财产属性的生态利益予以回应。但对《物权法》进行文本分析可以看出，现阶段的物权生态化主要是通过环境保护义务的强加对传统物权

---

〔1〕 参见中南财经政法大学民商法典研究课题组："物权法制定的若干问题研究"，载《私法研究》2002 年第 1 期。

类型进行限制，新的准物权类型仔细分析也是生态环境的资源利益的利用，如矿业权是对矿产资源的利用，水权是对水资源的利用，即使《民法总则》所确认的绿色原则也是强调资源利用过程中的资源节约问题，生态环境中的生态利益并没有在物权体系中反映出来。

生态利益作为公共利益主要是由公权力来进行分配，是以在生态利益法律调整的过程中以环境保护法为主，但生态利益结合当前的法律规定并从其功能来看，可以分为满足公民生存所需的最低生态利益和满足公民发展所需的生态利益。由于生存权是基本人权的内容，根据《世界人权宣言》第 25 条规定："人人有权享受为维持他本人和家属健康和福利所需要的生活水准……在丧失谋生能力时，有权享受社会保障"，在生态环境问题爆发之后，"健全而舒适的生活环境是生存权重要的基础性内容"[1]，生存权作为宪法性权利，最早以国家宪法形式确定生存权的是《魏玛宪法》，其从社会权和基本权方面对于生存权的内容进行了限定。在生存权的社会权侧面，生存权中"最低限度生活"的规定，只有在人的生存得以保障之后才能实现，而这种生存是由衣食住等物质直接支撑的，其前提必然是要有良好的环境，为此持续良好的生态利益的供给是人类生存、生活和延续下去不可或缺的条件，也是支撑"最低限度"的基本要素。[2]因生存权是保障人能够有尊严的生活的基础，因此生存权主要是通过强制性法律规定，通过公法的手段予以保护，涉及公民生存所需的生态利益也是如此，"国家的积极保护义务是

---

〔1〕［日］大须贺明：《生存权论》，林浩译，法律出版社 2001 年版，第 195 页。
〔2〕参见［日］大须贺明：《生存权论》，林浩译，法律出版社 2001 年版，第 3~4 页，第 192~193 页。

确保人民赖以生存的最低环境品质"[1]，结合我国当前的法律规定来看，该部分在法律制度上表现为生态红线制度，以此作为公民所需的最低要求，不能触碰、不能变更。

在满足公民发展所需的生态利益中，由于财产权制度对于生态利益的忽视，该部分在公法手段中主要表现为柔性措施，以经济刺激手段为主，在行政监管下探索市场手段的适用，在环境保护领域中主要表现为生态补偿制度、排污权交易制度、碳汇交易制度等。与私法手段追求最大化利用不同，公权力对发展所需的生态利益进行干预时的全程监管，使其利用受制于公权力机关的主观好恶，行政管制也出现了诸如手段的僵硬和单一、区域与部门协调不足、决策和实施存在时滞等"管制疲劳"和"政府失灵"现象。市场手段、经济制度的适用是财产权制度体系的主要内容，而物权生态化过程中对生态利益的分配存在缺位现象，生态利益没有在《物权法》文本中体现出来。

第三节　生态物权的研究梳理

《物权法》确认了生态危机下物权生态化所取得的阶段性成果，但因生态化理念尚未全面展开以及生态性物权的缺位，物权生态化仍是当前研究的热点，在实践基础上的学理的探讨仍如火如荼地进行。物权生态化研究是一个宏大的课题，本书着眼于生态物权的构建，从基于发展的生态利益物权化保障展开进行理论的梳理和研究。

一、生态物权的研究现状

就当前的研究来看，虽然在物权生态化的过程中，很多学

---

[1]　陈慈阳：《环境法总论》，中国政法大学出版社 2003 年版，第 195 页。

者也注意到生态利益的存在，认为物权法应对生态利益进行权利化保障，但由于生态利益载体的特殊性与物权法中物的内涵的闭合性、生态利益的公共性与物权的私益性之间的冲突，使生态物权的研究进展缓慢。目前成体系的研究主要有：以吕忠梅教授为代表的环境物权研究[1]，以邓海峰教授为代表的准物权探讨[2]，以王清军教授为代表的新财产权分析[3]，以杜寅博士为代表的生态性权利的物权规则适用分析[4]。

　　吕忠梅教授提出了环境物权的概念，以区别于确认生态环境的经济功能的一般物权。环境物权建立在环境的基础上，"环境作为人类生存和发展的物质条件的综合，其物质性不容置疑"[5]，环境作为物的存在具有经济功能，这种经济性的功能因资源的有限性和多用性产生了利益的冲突，通过了物权法来保障"物之安全利用"[6]。生态环境除具有经济功能之外，还具有生态

〔1〕 参见吕忠梅："关于物权法的'绿色'思考"，载《中国法学》2000 年第 5 期；吕忠梅："论环境物权"，载《人大法律评论》2001 年第 1 期；吕忠梅：《沟通与协调之途——论公民环境权的民法保护》，中国人民大学出版社 2005 年版；黄中显："论功能性环境物权的法律构建"，载《广西民族大学学报（哲学社会科学版）》2015 年第 5 期。

〔2〕 参见邓海峰：《排污权——一种基于私法语境下的解读》，北京大学出版社 2008 年版；邓海峰："环境容量的准物权化及其权利构成"，载《中国法学》2005 年第 4 期；邓海峰："排污权抵押制度研究"，载《中国地质大学学报（社会科学版）》2014 年第 2 期；邓海峰："海洋环境容量的物权化及其权利构成"，载《政法论坛》2013 年第 2 期；杜晨妍、李秀敏："论碳排放权的物权属性"，载《东北师大学报（哲学社会科学版）》2013 年第 1 期；杜立："论排污权的权利属性"，载《法律适用》2015 年第 9 期。

〔3〕 参见王清军："排污权法律属性研究"，载《武汉大学学报（哲学社会科学版）》2010 年第 5 期。

〔4〕 参见杜寅："环境生态惠益的物权化研究"，载《中国地质大学学报（社会科学版）》2016 年第 4 期。

〔5〕 吕忠梅：《沟通与协调之途——论公民环境权的民法保护》，中国人民大学出版社 2005 年版，第 165 页。

〔6〕 史尚宽：《物权法论》，中国政法大学出版社 2000 年版，第 1 页。

功能，在物权法的基本人设由理性经济人转为生态理性经济人时，才能将公法支配与公法义务摄入物权概念内容中，才能真正将生态元素全面地纳入到物的概念当中，虽然作为整体的生态功能不能为人力所支配，但可以借助当前技术手段实现对生态功能的量化和转化。是以环境物权建立在物权法原有的物的概念基础上，是对物权法已经确认了经济功能的环境资源的生态功能的物权保护形式，因该部分物的所有权主要为国家和集体所有，所以环境物权是他物权中的用益物权，是"就物之实体，利用其物，以其使用价值之取得为目的之权利"〔1〕。环境物权主要包括几大类：对整体环境资源的环境使用权、赋予新的内容的环境相邻权以及以土地等绿化的不动产物权。〔2〕

以环境容量为基础通过准物权理论建构生态利益的物权体系在目前主要以邓海峰教授为代表。与将环境资源作为环境物权的客体从而建立了用益物权研究的话语体系不同，在适用准物权话语体系进行研究时，使用了"环境容量"这一环境科学中的用语，并将其作为准物权的权利客体。基于环境容量而产生的生态型权利以排污权为主要权利类型，其权利客体与现有物权法中所承认的环境资源不同，排污权的权利客体是基于生态服务功能、环境自净能力形成的环境容量，在法律上表现为一种无形的物，而且排污权的母权是环境容量的所有权，并不是环境资源所有权。因此对于排污权来说"这一权利的兴奋点在于对栖生于各种不同物质载体之中的环境容量的利用，而不在于对排污权所栖生的各种物质载体行使占有和控制权"〔3〕，

〔1〕 史尚宽：《物权法论》，中国政法大学出版社 2000 年版，第 15 页。
〔2〕 参见吕忠梅：《沟通与协调之途——论公民环境权的民法保护》，中国人民大学出版社 2005 年版，第 172~188 页。
〔3〕 邓海峰：《排污权——一种基于私法语境下的解读》，北京大学出版社 2008 年版，第 86 页。

因此基于环境容量而产生的排污权除权利客体表现出特殊性外，在占有权能、排他性上都表现出明显的特殊性。排污权也与物权法的一物一权等法律理念不同，在一个地域的环境容量上可能存在数个排污权，出现了权利的重叠和交叉，权利之间的行使需要借助技术手段予以确认，因此环境容量作为新型的财产形式具有独立价值，这种财产的法律权利在生成的过程中，因其本身的特殊性，而体现出了浓厚的公权色彩，"正逐渐脱离传统大陆法系中土地所有权及其用益物权制度的架构，渐次形成具有相对性的新的权利体系趋势"〔1〕，因此以"准"字标识这类权利与传统物权之间的区别。以准物权理论建构排污权制度也破除了环境资源公共物品的属性带来的理论困境，为权利的可转让性奠定了合理的法律依据。〔2〕

　　基于母权与子权之间的关系而生成的生态性物权概念，王清军教授认为"这一论证方式颠覆了母权与子权的关系，动摇了物权制度中以所有权为核心的根基，这将最终导致所有权地位的虚化"〔3〕，并把衔接传统物权和环境问题而产生的排污权作为研究对象，认为其常态化的异质和例外使排污权这类权利强行纳入现有的物权体系将会导致物权体系理论内核的混乱和崩溃，而通过对物权法中的概念作扩大的解释的方法对通过交易创造利益而非支配创造利益的排污权而言没有必要。因此王清军教授从历史根源和理论发展两个层面对排污权进行了深入探讨，明确了其具有财产属性和可交易的特征，并借助于英美

〔1〕　吕忠梅："论环境物权"，载《探索·创新·发展·收获——2001年环境资源法学国际研讨会论文集（上册）》2001年11月。
　　〔2〕　参见邓海峰：《排污权——一种基于私法语境下的解读》，北京大学出版社2008年版，第101页。
　　〔3〕　王清军："排污权法律属性研究"，载《武汉大学学报（哲学社会科学版）》2010年第5期。

法系中所使用的"新财产权"理论，主张在排污权认定过程中，不应再纠结于其母权权源的问题，而将其作为一种新型的财产权加以保护，不应将这类权利作为物权范畴，而应当仿照知识产权法单独立法进行特殊保护。

与将生态利益的物权类型纳入用益物权或准物权不同，也与将生态利益的权利类型作为新的财产权形式不同，杜寅博士引入了环境生态惠益的概念，认为环境生态惠益包括"环境纳污功能（又称之为'环境容量功能'）、自然资源功能、生态服务功能"〔1〕，在研究了传统物权客体理论和物权意思独断性特征后，指出在物权体系静态设计闭合的情况下，环境生态惠益无法嵌入现有静态物权权利体系中，强行的纳入既不为物权体系所接受，也会使环境生态惠益的权利化进程放缓，不利于适用私权保护环境的目的实现。同时主张虽然在静态物权体系设计新的环境物权出现障碍，但物权的动态交易安全对于环境生态惠益的保护仍有适用空间。因此环境生态惠益的法律体现可以通过不动产登记制度来进行，自然资源客体的环境生态惠益可以借助于不动产登记簿来记载显示，不动产登记制度可以成为环境生态惠益物权化的制度载体。

二、 生态物权的理论研究困境

就当前的研究来看，环境物权的概念比较大，包括了生态利益转化的物权类型和传统物权在生态化后新的内容，其他的学者在研究过程中讨论这类概念时，并没有采取环境物权的概念，而是研究生态利益转化后的物权类型，这也是本书讨论的基点。

---

〔1〕 杜寅："环境生态惠益的物权化研究"，载《中国地质大学学报（社会科学版）》2016 年第 4 期。

就目前的研究成果来看，上文分析的四种代表观点也反映了不同时期生态利益物权保护的特征。2000 年，生态环境问题成为影响经济和社会发展的热点问题，对生态环境问题研究还不深入，其法律应对主要是环境法领域中的问题，其他部门法对此也有认识，积极探索环境保护方面的措施，但缺少统一的理念指导。在环境法与民法交叉的过程中提出的环境物权对于理论界和实务界全面认识生态环境问题，形成生态利益的全民共识起到推动作用，也为其他部门法如何回应生态危机提供了样本和路径。其后随着生态文明的提出，排污权交易的社会实践开始进行，物权生态化研究也提上日程，准物权作为物权法的发展和创新也日趋成熟，而生态利益载体的特殊性，使其很难与传统物权理论相容，因此在传统物权类型之外探讨新的物权类型成为研究的热点。其后有感于传统物权理论的成熟和固执，理论界不再强调将其纳入静态的物权类型的构建中，在物权之外探讨新的可能，财产权论和物权手段论便是这一阶段的产物。上述的四种代表性观点虽然都是探讨生态利益的权利构建，但因其侧重点不同，建构路径的不同，其选择的权利类型、权利内容和权利客体也呈现出明显的差异。

在权利名称上，生态利益转化的物权类型多使用了环境物权的概念，将环境物权作为权利束，包括了环境使用权[1]、环境保护相邻权和绿化的不动产物权等权利类型；准物权论和新财产权论对权利名称不加定义，也不使用同一的环境物权概念，只是结合具体权利类型进行分析，准物权论认为当前的生态利

---

〔1〕 从权利内容上来看，环境使用权应当可以涵盖了排污权、碳排放权等权利类型。环境使用权的基础是环境容量（自净能力或者自适应能力）。参见吕忠梅：《沟通与协调之途——论公民环境权的民法保护》，中国人民大学出版社 2005 年版，第 173~174 页。

益转化物权的类型主要包括排污权、碳排放权、海域使用权等权利类型；新财产权论采用具体权利类型设计的进路，就理论内核和表现形式来看，其具体的权利类型与准物权基本一致，两者之间的区别在于权利的性质之争；环境生态惠益保护的物权手段论认为环境物权作为新的物权类型难以为物权法所接受和认可，因此其回避了静态权利类型的问题，循着适用物权动态交易规则的路径来对生态利益进行合理的配置。就权利名称来看，环境物权作为生态性物权的统一名称的使用，主要源自于生态环境与自然资源的区别，在应对生态环境危机的过程中，环境的生态功能得以显现，再加上生态环境原本已经得到认可的经济功能，生态环境同时承载着生态功能和经济功能的双重属性，环境物权概念的出现即是对生态环境这两种功能的肯定与协调。但随着对环境污染和生态破坏的研究深入进行，原有的环境一词在很大范围内被生态环境所取代，原有的环境保护部也在机构改革中被整合成为新的生态环境部，环境物权并不能凸显其对生态利益的保护，而且环境物权理论中，环境物权作为用益物权的下位概念，其中包括了具体权利类型，是一个抽象和综合的概念，其在权属上也无法与用益物权、担保物权等并列起来，而其具体的权利类型与用益物权的具体权利类型相并列，是以环境物权一词的适用是否准确值得商榷。当然每个权利名称的形成都经过了长时间的锤炼，环境物权的提出对于生态利益被人们所接受并为法律所确认做出了重要的贡献。其他几种理论中对权利名称问题并没有深究，而是从一个具体的权利出发进行分析，如排污权、碳排放权、海域使用权等，结合权利的内容或权利所指向的客体进行讨论。

在生态物权的权利基础和内容方面，目前的理论观点也各不相同，反映了学者观察事物的角度不同。存在生态功能、生态价值、环境生态惠益几种观点的争议。但是一切人类活动和社会关系的核心是利益，[1]追求个人利益是人们从事社会活动的原动力，实现自身利益需求的多样性与利益的有限性导致人们围绕利益而发生种种冲突与合作，[2]构成以社会关系为研究中心的一切社会学科的核心，[3]经济学以经济利益为研究对象，政治学也是以政治利益为研究对象，法学以利益和利益冲突的解决（识别和衡平）为研究的基本范畴[4]。生态功能是生态价值或生态利益的物权体现，是对物的支配和使用时的功能的展现，关注的是支配关系，是从物权法的理性经济人假设为出发点进行的理论探讨。生态价值的使用主要在准物权理论探讨过程中，"自然资源存在生态价值的事实已经不再被人们否认了，而且随着环境问题的日益严峻，自然资源的这种价值会愈发受到人们的重视"[5]。价值是经济学话语体系中的词语，当前物权的话语体系中"是以经济价值为核心的极富功利主义色彩的判断标准"[6]，生态价值的使用既强调了利益可以转化和量化经济价值的特点，也认可了这类利益的使用可以带来经济收益，因此对于建立在生态价值基础上的准物权理论来说，其强调对于生态价值的利用。生态惠益来自于国际环境法公约中

〔1〕 参见孔爱国、邵平："利益的内涵、关系与度量"，载《复旦学报（社会科学版）》2007年第4期。

〔2〕 参见鲁品越："生产关系理论的当代重构"，载《中国社会科学》2001年第1期。

〔3〕 参见孔爱国、邵平："利益的内涵、关系与度量"，载《复旦学报（社会科学版）》2007年第4期。

〔4〕 参见李启家："环境法领域利益冲突的识别与衡平"，载《法学评论》2015年第6期。

〔5〕 邓海峰："环境容量的准物权化及其权利构成"，载《中国法学》2005年第4期。

〔6〕 邓海峰：《排污权——一种基于私法语境下的解读》，北京大学出版社2008年版，第74页。

的 "ecosystem benefits"，环境生态惠益是指环境对于人类的生态价值或好处[1]，但在国内法领域中，目前对于环境生态惠益一词还存在争议。就法学研究的术语来看，法律以利益为核心，是围绕利益所作的制度安排，在法学对权利进行解读时也认为权利是法律赋予人们实现利益的权威，因此研究和分析权利时应当以利益为基础，权利是利益法律表达的外在形态。深入分析生态功能、生态价值、环境生态惠益几种观点，其实质都是以生态利益为出发点进行研究的，生态功能侧重于生态利益的使用功能，生态价值侧重生态利益的财产属性，环境生态惠益侧重的是生态利益对人的好处。因此在法学语言回归的过程中，使用生态利益一词显得更为准确和合适。

就目前的四种观点来看，权利客体也不一致，主要有：环境资源整体、环境容量、传统自然资源物权客体。环境资源整体在环境使用权的阐释过程中，以环境容量作为衡量的标准，环境容量是环境的自净能力或自适应能力，按照生态学的最小限制律[2]，环境容量资源不仅是有限的，而且是相互关联的整体。[3]环境容量并不是一个法律术语，而是环境科学的固有称谓，一般认为环境容量的概念首先是由日本学者提出来的，用来

---

〔1〕 参见杜寅："环境生态惠益的物权化研究"，载《中国地质大学学报（社会科学版）》2016 年第 4 期。

〔2〕 1840 年德国化学家 J. V. 李比西提出的生态学基本规律。它是指整个环境质量，不能由环境要素的平均状况去决定，而是受环境诸要素中那个与最优状态差距最大的要素所控制，也就是说，所谓环境质量的高低，取决于诸要素中处于"最低状态"那个要素，不能用其处于优良状态的环境要素去代替，去弥补。参见中国大百科全书总编辑委员会《环境科学》编辑委员会、中国大百科全书出版社编辑部编：《中国大百科全书·环境科学》，中国大百科全书出版社 1983 年版，第 216 页。

〔3〕 参见吕忠梅：《沟通与协调之途——论公民环境权的民法保护》，中国人民大学出版社 2005 年版，第 173 页。

描述某一环境污染物的最大容纳量[1]，但这一概念的提出并没有在世界范围中得到广泛的承认。在最先建立排污权交易制度的美国，在环境法发展比较成熟的欧洲诸国其适用的仍是最大可允许排放量或者排放总量的概念。相对环境容量的科学色彩，最大允许排放量则有着浓厚的政治色彩、法律色彩和经济色彩，是生态环境问题的社会学科表现，其并不完全符合科学测定的环境总量的数据，考虑到动态的社会发展过程、公民生存所需的生态利益，最大允许排放量时常偏离环境容量这种理想中的数据。在环境法架构的过程中，借鉴和使用了其他学科中的语言，但应从词语的实质内容去分析和把握，找出其中合适的法学表达。自然资源物权客体在物权法上呈现为分散的单一的资源要素，这些要素同时也是生态环境要素，虽然当前在生态利益价值化的转化过程中多是以单一事物所具有的生态要素为基础进行研究的，但是从生态利益的生成机制来看，单一事物只有在与其周边的事物组成的生态环境中才能生成生态利益，生态环境以不以人的意志为转移的自然规律[2]为依据形成的稳定的生态系统，成为生态利益的本源创造者和提供者。[3]生态环境与生态要素不同，生态要素是以分散的、个别的、有形的形态出现，而生态环境则是以整体的、有序的、无形的形式出现，生态系统重视整体结构的稳定和健康，具有一定的结构张力和

---

〔1〕 参见［日］阿部泰隆、淡路刚久：《环境法（日文版）》，日本有斐阁1995年版，第53~67页。

〔2〕 1987年，国务院环境保护委员会公布的《中国自然保护纲要》将生态学的基本规律归纳为如下六类：物物相关律、相生相克律、能流物复律、负载定额律、协调稳定律、时空有宜律。这些规律向我们昭示：生态系统的良性运行及人类符合规律的活动会带来生态利益的产出和增进，而不合理的开发利用和破坏活动则可能带来生态利益的减损。

〔3〕 参见史玉成："生态利益衡平：原理、进路与展开"，载《政法论坛（中国政法大学学报）》2014年第2期。

弹性，可以给予单个生态要素一定的腾挪空间，单一环境要素的增进和破坏，并不必然打乱生态环境的整体平衡，增进或者减损生态利益的供给。只有在单一生态要素的量变积累到一定程度之后，生态环境的质变才可能发生。因此从生态要素和生态环境的整体关系来看，以传统自然资源物权客体作为生态利益的载体，虽然具有简单性、易行性和可操作性，但是从生态利益的保护来看，并没有从生态利益的自然生成机理来进行探讨，是只见树木不见森林的分析方式，在当前环境保护部改为生态环境部，第二代环境法强调和重视生态环境的整体性保护的情况下，其认识具有一定的片面性。在生态利益的物权保护的过程中，仍需要从生态利益的载体出发来寻找权利客体，回避权利客体或者虚置权利客体都是不可取的。

第四节　生态物权提出的价值

所谓生态物权是在对生态环境所承载的生态利益进行物权保护过程中所形成的权利形态，是以生态利益的使用和收益为内容的一种财产权。生态物权的提出解决了当前物权法生态化过程中的生态利益失位问题，从社会发展的时代背景来看，生态物权的提出也契合了生态环境保护由单一分散走向整体系统、生态利益由隐性走向法律前台、环境保护由行为矫正转向利益分配的发展趋势。相对于当前的理论研究而言，生态物权的提出不仅丰富了物权体系中准物权的内容，也厘清了生态利益的私权保护脉络。

一、　生态物权的提出是物权生态化发展的需要

生态文明从最初的思想观念发展到行为方式再到价值理

念，经历了漫长的过程。生态化思想的提出与对现代性的反思有着密切的关系，是对物化环境思想的自省，也是对人类中心思想的超越。生态危机的出现，生态环境法律地位的重塑，生态利益的共识，推动了人类对自身行为的深思，根据人类的紧急需要的位阶理论，重立生态环境的多种利益之间的位阶，通过对人类开发利用行为的约束，实现生态环境的多重利益之间的协调和和谐。物化生态环境和人化生态环境的理念价值分别走向了两个极端：物化下的对人的主体和中心地位的强调，致使恣意和肆意利用；人化环境的生态环境要素的法律主体地位的赋予和其权利乃至利益的授予需要人类行为的约束的悖论，使其偏离了法律的基本人设。是以生态化不是要赋予生态环境的法律主体地位，而是在可持续发展、协调发展基础上平衡人类的各种利益需求，从而营造舒适、安全的生活环境，彰显法律的人文关怀和终极价值，建设幸福美丽的人居环境，实现人与自然之间的和谐。环境法率先将生态化思想与生态危机联系起来，以确认职权和普设义务的方式，扛起环境保护和生态利益调整的大旗，确立了自己在整个环境保护法域的主体地位。在环境保护的浪潮中，生态利益作为与人类生存和发展有关的正当利益，不仅关涉个人的利益也是社会和国家得以长治久安持续发展的倚仗，其催生了整个社会学科的生态思想。物权生态化就是对当前法律变革、法律利益范围扩展的回应。

物权生态化是去除物权制度中不能契合生态化的因素，用生态化思想、原则去改造和创新物权体系，体现物权的环境关怀，弥补环境保护法的制度缺陷。物权制度具有生态保护的功能，物权制度也是避免发生"公地悲剧"的有效途径之一，通过对个体利益的保护，通过法律的利导作用的实现，客观上达到保护自然资源、优化生态的法律效果。如用益物权制度也包含义务的成分，即：法律主体不但享有权利，而且要承担义务，这其中就包括环境保护的义务，用益物权人在享有权利的同时，也要履行保护和改善生态环境的义务。物权生态化也是物权法律制度发展的内在要求，经济利益最大化导向下的物权制度在促进经济发展和资源的充分利用方面有着积极的作用，但也同时带来了环境污染、资源枯竭和生态破坏的问题，甚至可以说是所有环境问题的制度根源。

物权生态化是物权体系的发展和创新，"物权法是一种以保护个体利益为核心价值的法律规范，但这绝不意味着生态环境法中只能规定公共利益，物权法中只能规定个体利益。"[1]以"市民社会、政治国家"的二元社会结构奠定的"公法、私法"的二元法律体系，在近现代法律法典化的热潮中再次崛起，为大陆法系的理论界和实务界所认可。随着传统意义上的政治国家逐渐变成了拥有强大社会和经济职能的现代国家，国家介入社会经济生活的广度和深度前所未有地加大加深，以意思自治为特征的传统私人经济生活领域受到了国家公权力的干预和介入。[2]社会结构的变化和权力层次与性质的模糊，推动了"私法公法化"或"法律社会化"的法律进化，也给法律的发展带来新的理念，推动法律出现了两个方面的发展：一是出现新的法律部门，与传统纯粹代表私人利益和国家利益的公法和私法不同，新的法律部门所调整、维护与分配的利益是为全民所有的社会公共利益；二是传统法律部门界限模糊，固守的法律界限松动，如私法领域中出现了为数众多的公共利益保护法律规则，私法之"私"，公法之"公"都不纯粹，出现了融合的趋

〔1〕 楚道文："物权的生态化研究"，载《政法论丛》2008年第1期。
〔2〕 参见税兵："海域使用权与传统渔业权的冲突与协调"，载尹田主编：《中国海域物权的理论与实践》，中国法制出版社2004年版，第10~38页。

势，"公共事物和私人事物的区别仅在于是否直接供给国家使用
的目的的差异，不是应遵守公法或私法调整的依据"〔1〕。从法
律发展的实证法研究来看，传统法律部门所坚信的公法与私法
的分野，是一个由公到私，又由私到公，再由公回归私的循环
往复的过程，〔2〕虽然不同时空范围内都有主要适用的一方，但
从未彻底的隔绝和封闭，都包含着对方的合理有用的部分。

　　物权法中对于生态功能的体现，是物权生态化的阶段性成
果，其视生态要素为资源，以其资源属性和财产属性的调整和
保护为主，发挥物权的生态保护功能。但生态利益作为生态环
境的生态效用的社会体现，并未在物权法中得以认可。通过物
权的设定明确其经济属性，实现了利用的最大化，但对生态利
益的忽视，却易忽略生态要素之于生态环境的重要性，超出了
生态要素所承受的阈值，牵一发而动全身，导致整个生态环境
的崩溃，破坏生态利益的持续和稳定的供给。法律以理性经济
人为基本人设，当前的社会评价体系的主导因素在于获取经济
利益的能力，生态利益也要转化为经济收益才能受到关注和重
视，在生态利益无法给生态要素的管理人或使用人带来经济利
益时，漠视自然产生，所有权中的公共秩序保留和重要生态要
素国家或集体所有权中对经济价值的确认就证实了这种观点。
因此"依据物的'生态属性'来对其行使权利应是物权法考量
之事宜"，物权生态化还要继续向纵深发展，将生态利益的权利
化过程嵌入物权生态化的进程。

　　生态物权的提出就是用物权制度来分配公民发展所需的生
态利益，把生态利益置于民法和环境法的双重法域下的一种权

---

　　〔1〕　〔日〕美浓部达吉：《公法与私法》，黄冯明译，中国政法大学出版社 2003
年版，第 101 页。
　　〔2〕　参见楚道文："物权的生态化研究"，载《政法论丛》2008 年第 1 期。

利考量。生态利益的消耗也会带来经济利益的增加，生态利益的维持也需要经济成本、社会成本的持续投入，因此生态利益同时兼具公共利益和财产利益的属性，是以在法律调整时，公法和私法都有适用的空间。对原本属于自身调整范围的"物"的利益的遗忘，使物权制度对生态利益选择性忽视，但是物权体系也处在不断的发展变化过程中，公共物权的出现及法律确认说明了物权适用范围也在根据社会的变化、价值观念的变迁及时地做出调整。

二、 生态物权是环境法发展的选择

1988 年美国学者 E. 拉兹格提出进化范式时指出："进化是一个连续的过程，科学与哲学的体系来而复往，发挥有限作用的每种方法最终都会山穷水尽。每种体系初生时都被欢呼为伟大成就，衰落时又都成为讨厌的绊脚石。"[1]是以"进化范式——研究开放系统在自然界中历经比以往任何时候都更复杂和更加动态的发展历程时的奇特经历，研究开放系统在自然界中历经比以往任何时候更能控制它们自己及其环境的发展历程时的奇特经历"[2]。进化范式以更少的内容解释了更多的社会现象，其基本假定和基本原理的简洁性和普适性符合确定科学进步中那些持久的价值，其有效性在不同的学科领域中得到了广泛的认可，为不同学科中专门而又相互有微妙联系的难题的解决提供了合理的解释，其适用于几乎所有的自然科学工作和大多数的社会科学工作之中。进化范式赋予了环境法研究持续

---

〔1〕 ［美］E. 拉兹格：《进化——广义综合理论》，闵家胤译，社会科学文献出版社 1988 年版，第 19 页。

〔2〕 ［美］E. 拉兹格：《进化——广义综合理论》，闵家胤译，社会科学文献出版社 1988 年版，第 19 页。

的智识供给和学术张力，进化与开放使呈现闭合和自治的环境法研究重新焕发了活力。

　　作为交叉学科，进化的范式赋予了环境法不同于传统法律的活力，自然科学和社会科学之间恰当的融合是以人文关怀为主的环境法研究的重要特点，生态环境问题的复杂多维，进化范式的脉络和轨迹使环境法的研究方法应由传统部门法研究方法、生态研究方法向复杂性方法转变。自然科学领域从生态结构上研究环境，人文社会科学领域从社会文化方面研究环境，这些研究对于环境结构和价值的认识都只得到片面的结果，传统法律部门研究方法通过化简（碾碎差异性导入简单的统一性）与割裂（以差异性遮蔽统一性）使学科问题彼此隔绝，不相影响，对此李启家教授曾在研究生"环境法总论"课堂上以"盲人摸象"[1]的寓言进行形象的说明，指出各个学科站在不同学科追求上对环境概念的不同解读，正如不同盲人所触摸到大象的不同地方，把所有的盲人感知加在一起就会构成一个完整的大象，以是不同学科对于事物的解读是不完整的，具有缺陷的，因此环境法所关注的环境是人文和自然的综合。

　　法国学者埃德加·莫兰正是认识到这种学科研究方法的缺陷，以辩证法思想为渊源提出了复杂性方法："复杂性并不是混乱与盲目，而是有序性、无序性和组织的联结者，并在组织的概念内部把统一性和多样性连接起来。"[2]复杂性方法通过"统一""多样""有序""无序"有效地解读了主体与客观世

––––––––––

　　[1]　"盲人摸象"出自《大般涅盘经》三二："尔时大王，即唤众盲各各问言：'汝见象耶？'众盲各言：'我已得见。'王言：'象为何类？'其触牙者即言象形如芦菔根，其触耳者言象如箕，其触头者言象如石，其触鼻者言象如杵，其触脚者言象如木臼，其触脊者言象如床，其触腹者言象如瓮，其触尾者言象如绳。"

　　[2]　[法]埃德加·莫兰：《复杂性思想导论》，陈一壮译，华东师范大学出版社2008年版，第3页。

界、自由与发展之间的关系，复杂性方法总的"两重性逻辑"通过对人类认识过程中的分析，阐释了人类理性是一个复杂的多层次的存在，认识永远是开放的、动态发展的、未完成的。建立在规则同构基础上的环境法在过去研究的过程中，也是以"分"为基本的表征，通过调整的社会关系和调整方法的特殊性说明其自身的独特的价值追求和作为独立部门法存在的意义。在环境法的独立法律地位形成共识并得到广泛认可的现在，在复杂性思想和进化范式占据社会科学工作主流的时代背景下，法律部门之间的同构与互助、和合和同化，学科之间的通约与协同就成了当下环境法的价值内核和精神追求得以重塑的路径选择。

"生活在现代世界，犹如置身于朝向四方急驰狂奔的不可驾驭的力量之中，而不像处于一辆被小心翼翼控制并熟练地驾驶的小车之中。"[1]当前物权法发展处在现代性高度扩展的社会环境中，在各种思潮学说的作用下，原有的学科边界趋于模糊，充满了不确定性，正是这种不确定性给物权法的发展和完善提供了机缘。由于法律分化而成的物权法作为自创生闭合系统，并不意味着它独立于其他的系统而存在，"一个系统的结构和过程只有在与环境的关联中才有可能存在，而且只有在这样的关联中加以考虑才有可能被理解。可以说一个系统就是它与它的环境之间的关联，或者说系统就是系统与环境之间的差异。"[2]而且"越是分化和特殊化的制度领域，变得越是相互依赖并且有可能以它们在相同而全面的制度化体系内的机能来

---

〔1〕 ［英］安东尼·吉登斯：《现代性的后果》，田禾译，译林出版社 2011 年版，第 47 页。

〔2〕 Niklas Luhmann, *The Differentiation of Society*, Columbia University Press, 1982, p. 257.

补充"[1]。

"法律是社会整体变迁的组成部分，它既是社会变迁的原因，也是社会变迁的结果。社会变迁的其它各种因素也构成法律变迁的原因和结果。"[2]鉴于法律与社会的共同演化的关系，环境治理上的困境、生态利益的发现也是法律进化的机遇。理论研究上对公法与私法的认识，也使私法在公共事物的调整中发挥着作用，生态环境的特定化的进程和准物权体系的发展使物权法分化所形成的自治系统面临新的发展机遇。生态利益在多元利益主体之间分配的失衡，在社会利益的变化和社会结构的变迁推动了法律进化呈现出私力公权化和公权化私力的社会化趋势下，在"体变相演用显、同构互助自足、和谐同化趋真"[3]法的终极价值指引下，法律进化过程中的开放与融合，生态利益的经济价值及其载体——生态系统及其组成要素的物的属性，使物权这一私权制度在环境保护领域也具有重要的作用，因此生态物权的提出是物权法进化的选择。

三、 生态物权的提出是生态利益分配的法律选择

多样化的利益主体和不同利益诉求使利益杂合的社会呈现出利益分化和利益冲突的现象，因此约束人们行为的法律的主要任务在于通过利益识别、利益冲突、利益选择、利益协调、利益整合及利益表达的逻辑过程，达成利益平衡的共识与合意[4]，

---

〔1〕 [美] 埃森斯达脱："社会的变化、分化与进化"，姜文彬译，载《现代外国哲学社会科学文摘》1965 年第 12 期。

〔2〕 尹伊君：《社会变迁的法律解释》，商务印书馆 2003 年版，第 269 页。

〔3〕 江山："法的终极原创与终极价值"，载《法哲学与法社会学论丛》1998 年第 00 期。

〔4〕 参见张斌："论现代立法中的利益平衡机制"，载《清华大学学报（哲学社会科学版）》2005 年第 2 期。

法律作为最强有力的利益分配方式，规范利益分配之乱象，形成有序的良好社会局面是其基本的社会功能。"社会正义原则的主要问题是社会的基本结构，是一种合作体系中的主要社会制度安排。这些原则要在这些中掌握权益与义务的分配，决定社会生活中利益和负担的恰当分配。"[1]

亚里士多德将正义分为分配正义、矫正正义，其中分配正义是基于比例上的正义，有数值相等和比值相等两种形式，"以应该付出恰当价值的事物授予相应收受的人"[2]，"'数量相等'是你所得的相同的事物在数目上和容量上与他人所得的相等；'比值相等'是根据各人的真价值，按比例分配与之相衡称的事物。"[3]矫正正义建立在平等基础上，"法律一视同仁，所注意的只是造成损害的大小。到底谁做了不公正的事，谁受到不公正的待遇，谁害了人，谁受了害，由于这类不公正是不均等，所以裁判者就尽量让它均等。"[4]有学者提出环境法是遵循矫正正义理念建立起来的，如果从"强人类中心"指导下人类对生态环境利用的行为来看，确实如此。但法律在引导人类行为时，主要通过利益的剥夺或赋予的方式来进行，法律是现代社会中分配规则的基本载体，是在"承认利益的多样性、价值的多元性、民主的多维性"[5]的基础上，将利益在多元社会主

〔1〕[美]约翰·罗尔斯：《正义论》，何怀宏、何包钢、廖申白译，中国社会科学出版社1988年版，第54页。

〔2〕[古希腊]亚里士多德：《政治学》，吴寿彭译，商务印书馆1965年版，第136页。

〔3〕[古希腊]亚里士多德：《政治学》，吴寿彭译，商务印书馆1965年版，第234页。

〔4〕[古希腊]亚里士多德：《尼各马可伦理学》，苗力田译，中国社会科学出版社1999年版，第95页。

〔5〕杨建顺："行政立法过程的民主参与和利益表达"，载《法商研究》2004年第3期。

体之间进行合理的利益分配，实现"比例相等"。生态利益的分配规则融入法律制度之中，"制度利益也就成为法律制度的一个不可分割的属性，脱离于立法时平衡的各种利益，成为独立存在物。"〔1〕

重拾利益是法律调整的核心，法律是围绕利益所作的制度安排的思路，在生态环境问题被解读为生态利益分配的失范和失衡的基础上，实现生态利益的合理有序有效分配也是探究新的环境保护措施、形成生态环境全民共治达成法律终极价值的核心内容。利益分配通过公权和私权的设置来进行，必须承认生态利益的公共属性使其更容易接受公权力的干预，但是私权在生态环境保护领域并非一无是处，其有限的作用在调动污染企业和环境保护的热情方面却有着得天独厚的优势。生态利益的价值性特点使其可以作为公共财产权益而存在，公共财产权益目前存在"公法所有权"学说，"这种所有权尽管具有财产属性，却不得保留私益的全部特点，这是一种必须依赖于国家力量的行政所有权，它的特点是由事物的公共用途决定的。"〔2〕基于公共信托理论和环境公共信托理论，生态环境为全民所有，为了减少纷争，高效地管理和保护公共资源，把生态环境所有权转移给国家，国家所有即是全民所有，国家因此而获取了生态环境之上的生态利益所有权，而诸如排污许可交易制度、生态补偿制度、碳汇制度等财产权制度在环境法领域中运用已经证明生态利益在公共属性之外还具有财产属性，如果说之前的环境保护的法律关注对人的生存权和生存需要的最低环境品质

---

〔1〕 梁上上："利益的层次结构与利益衡量的展开——兼评加藤一郎的利益衡量论"，载《法学研究》2002年第1期。
〔2〕 [法] 莫里斯·奥里乌：《行政法与公法精要》，龚觅等译，春风文艺出版社1999年版，第846页。

的保护，那么今后的发展应转向于对生态利益财产价值的合理
分配。

公法与私法的分野、生态利益的公共属性使私法手段在生
态利益分配过程中采取了谨小慎微的态度，这也与私法本身的
属性有关。私法规范是规定私主体之间法律关系的法规，其目
的在利用的最大化和个人权利的保障上，私法领域以意思自治
为基本理念〔1〕。但私法体系发展至今，虽然已经趋于成熟和完
善，但并不是一个完全封闭的体系，在法律分化与法律进化的
过程中，在公法私法化和私法公法化的时代背景下，环境物品
的财产属性和公民环境保护积极性的调动、生态环境问题由政
府和市场调节双重失灵的成因复杂性，决定了即使私法在环境
保护的过程中作用有限，但在生态利益的分配问题上，私法不
应也不能缺位。"民法必须对环境问题的冲击予以回应，以更好
地适应民法现代化的要求。"〔2〕王利明教授指出："民法典必须
反映 21 世纪的时代特征，对互联网时代、信息社会和大数据时
代、高科技时代、知识经济时代、经济全球化趋势、资源环境
逐渐恶化趋势及风险社会的时代特征做出回应。"〔3〕叶知年教授
在《环境民法要论》一书中指出在民法中运用私法的手段保护
生态利益的现实的可能性，"法律形式的选择对法律理论研究和
法律的具体适用有较大的影响，但法律具体规定的内容才是对

〔1〕 参见杨芳玲："环境保护的法律手段（上）"，载《法学论丛》1993 年第
1 期，转引自吕忠梅：《沟通与协调之途——论公民环境权的民法保护》，中国人民
大学出版社 2005 年版，第 1 页。
〔2〕 马俊驹、舒广："环境问题对民法的冲击与 21 世纪民法的回应"，载《中
华法学》编辑部、北京大学第 22 届研究生会编：《中国民法百年回顾与前瞻学术研
讨会文集》，法律出版社 2003 年版，第 232~251 页。
〔3〕 王利明："民法典的时代特征和编纂步骤"，载《清华法学》2014 年第 6
期。

人类权利的真正影响"，"环境权需要运用私法的手段来使其得到真正的实现。"[1]美国学者丹尼尔·H. 科尔认为："所有适用于环境保护的方法最终都建立在财产权的基础上"，"没有任何一种财产权体制可以被证实在所有的情况下，考虑到政策的各个层面时都优于其他所有财产权体制。"[2]即使私有化在环境保护方面确实存在一些问题，但也不能否认私有化在环境保护方面的积极作用。由市场失灵导致的环境问题的最终解决需要通过特定私人财产权的方式予以解决。因此私法手段，如财产权体制、侵权行为法规则等，即具有私法的内在激励机制和外在表现形式，因此生态物权的出现就是生态利益分配时的法律选择的结果。

---

〔1〕　叶知年等：《环境民法要论》，法律出版社 2014 年版，第 2 页。

〔2〕　［美］丹尼尔·H. 科尔：《污染与财产权：环境保护的所有权制度比较研究》，严厚福、王社坤译，北京大学出版社 2009 年版，前言部分。

第二章
生态物权的界定

　　萨维尼认为权利是那种为单个人所具有的、其意志占支配地位的权能[1]；耶林认为权利的本质，就是受法律保护的利益[2]；让·达班认为主观权利是归属——控制，归属引起并决定着控制[3]；梅克尔认为权利的本质乃享受特定利益之法律上之力[4]。因此界定生态物权的概念需要把握权利的几个关键要素：主体要素，利益要素和客体要素，对任何一个完整的权利概念来说，这三个要素缺一不可。没有主体的权利呈现明显的虚置，没有实在意义，任何权利只有存在权利主体时，权利行使和救济等一系列法律制度才能得以运作，权利客体是权利主体行为所指向的对象，也是权利内容的载体。生态物权的研究也是以权利主体、权利客体和权利内容路径一一进行分析和讨论，从而界定生态物权。所谓生态物权是建立在特殊客体基础上的以生态利益的使用和收益为内容的财产权，其作为一种物权形式，本质上属于私权的范畴，适用物权的规则进行运作。

---

　　[1] See Friedrich Carl von Savigny, *Sistema del Diritto Romano Attuale*, Torino：UTET-Unione Tipografico Editrice, 1886, p. 36.
　　[2] 参见何勤华：《西方法学史（第二版）》，中国政法大学出版社 1996 年版，第 208 页。
　　[3] 参见雅克·盖斯旦等：《法国民法总论》，陈鹏等译，法律出版社 2004 年版，第 135 页。
　　[4] 参见郑玉波：《民法总则》，中国政法大学出版社 2003 年版，第 62 页。

生态物权具有不同于传统物权的特殊性，也主要表现在权利内容和权利客体方面，生态物权的主体与一般物权并无二致，自然人、法人等一般民事主体均可依法取得并行使，是以本书在生态物权主体方面不予展开讨论，主要围绕生态物权的内容和客体进行分析。

第一节 生态物权抑或环境物权

在这个权利"爆炸"的时代，各种权利不断涌现，环境法与民法的交叉导致出现了环境物权、资源产权等诸多概念，准确地界定生态物权与环境物权的关系对科学理解生态物权具有重要意义。

一、 基本概念阐释

20世纪90年代，经济的持续高速发展，对资源的掠夺性开发和对生态利益的漠视使生态环境到了崩溃的边缘。在"头疼医头、脚疼医脚"的末端治理思想的指导下，人们把生态环境问题看成了一个个孤立的互不相关的分散的事件，而且由于这类问题是企业追求经济利益时罔顾生态利益所致，所以人们认为通过对企业实施严厉的环境管制就可以彻底地解决环境问题。随着可持续发展的理念的主导地位的确立，人们开始对工业化的生产模式进行反思，对于生态环境问题有了新的思考，生态化的思想开始在法律领域出现，并对传统法律部门进行了回应性的改造，在这种情况下，如何发挥私法在环境保护的作用是环境法研究的热门话题。

2000年吕忠梅教授在"关于物权法的'绿色'思考"一文中提出"环境物权"的概念之后，环境物权一词开始在环境法的理论研究中成为标准用语，引起了环境法学界和民法学界的广泛思考。关于环境物权的概念，吕忠梅教授指出："生态性物权实际上是通过功能定义法将物的生态功能与经济功能进行整合的新型物权，它的实质是在传统物权对物的经济功能加以界定的基础上增加了对物的生态功能的肯定，为了与一般物权相区别，我将其称为环境物权。"[1] 在这个概念中，吕忠梅教授还提出了另一个概念"生态性物权"，而且将两个名称进行了同一化处理，统称为环境物权。环境物权从内容上包括了环境使用权、环境保护相邻权、绿化的不动产物权等几种类型，是物权法生态化的结果。环境物权概念的提出既启发了人们的环境保护思维，也引发了部门法的生态化研究的浪潮，2001 年陈泉生教授和张梓太教授提出了宪法与行政法的生态化，2003 年李挚萍教授提出了经济法的生态化。[2]

环境物权的概念建立在环境利益的基础之上，整合了物的经济功能和生态功能，环境利益根据利益属性的不同可以分为环境生态利益（简称为生态利益）和环境资源利益（简称为资源利益）两个部分，生态利益是自然生态系统对人类的生产、生活和环境条件产生的非物质性的有益影响和有利效果，大致可以对应生态经济学中所谓的"生态系统服务功能"，最终体现为满足人们对良好环境质量需求的精神利益。资源利益是人们在开发利用自然资源过程中所获得的物质性的有益效果，经济学中对应的概念是"环境公共产品"，最终体现为满足人们发展需要的经济利益，在法律中体现为资源产权制度。

---

〔1〕 吕忠梅：《沟通与协调之途——论公民环境权的民法保护》，中国人民大学出版社 2005 年版，第 170~171 页。

〔2〕 参见陈泉生、张梓太：《宪法与行政法的生态化》，法律出版社 2001 年版；李挚萍：《经济法的生态化：经济与环境协调发展的法律机制探讨》，法律出版社 2003 年版。

资源产权是一国自然资源法律安排的对自然资源私人支配或者国家支配，并排除他人干涉的权利，是自然资源所有制在法律制度上的典型表现。自然资源是一切物质财富生成的前提和基础，也是一国发展的最大倚仗，国家对辖区内的自然资源的使用拥有绝对的自主决定权，这也是国家保持独立自主的"宪法性权利"，[1]属于公权的范畴。但是国家或集体作为自然资源的所有权主体，最终也需要落实到具体的组织或个人来行使具体的权利，将自然资源其上的价值转换为社会的物质财富。在这一过程中，一国通过法律安排本国的各种自然资源支配、利用的财产性权利，形成了自然资源的使用权，从性质来看其属于私权的范畴。邓海峰教授认为环境容量也是一种资源，通过彰显环境容量的有用性和有限性，将其作为了自然资源的一部分，因此在我国资源产权制度采取的是国家或政府代表的一元化自然资源公共所有权的模式下，环境容量资源的所有权以国家为限。[2]

生态物权不同于生态性物权，是指以生态利益为内容而形成的物权类型。相对于建立在环境利益的环境物权来说，生态物权的概念范围较为狭窄，某种意义上来说环境物权包括了生态物权的内容，生态物权是环境物权中的一部分，是环境物权中生态利益转化为物权的部分。生态物权与环境物权中的环境使用权比较类似，都是对生态利益使用和收益的权利。环境使用权又称环境容量使用权，也可称为排污权，是指以环境容量的使用、收益为内容的物权形态。[3]环境使用权从环境容量的

〔1〕 参见肖国兴、肖乾刚：《自然资源法》，法律出版社 1999 年版，第 69~70 页。

〔2〕 参见邓海峰：《排污权——一种基于私法语境下的解读》，北京大学出版社 2008 年版，第 83 页。

〔3〕 参见邓海峰：《排污权——一种基于私法语境下的解读》，北京大学出版社 2008 年版，第 81 页。

用益性加以判断，并结合权利客体的特殊性直接加以命名，具有很强的表征意义。但是民法学科中对于环境一词的标准用语是"生态环境"[1]，如果说环境一词在私法语境下出现具有综合和整合资源利益与生态利益的特征，那么生态环境一词在私法语境下出现，则彰显了环境的生态属性。

二、 生态物权不等于环境物权

环境物权提出至今已有 19 年，这 19 年人们对生态环境问题有了全新深入的认识，市场失灵的原因和财产权的缺位也是造成生态环境问题的重要原因，在行政资源有限、行政管制缺点暴露的情况下，私权制度在环境保护领域中的运用更加成熟。人们通过对生态利益的生成机理进行了生态学分析后，发现生态利益虽然与生态环境要素相关，但生态环境要素却不是生态利益的物质载体，只有生态环境要素与周围的事物发生关联组成一个系统和整体时，生态利益才能够生成，这也改变了通过自然资源物权客体来整合经济功能和生态功能的路径。依附于整体生态环境的生态利益的法律保护需要通过设立新的物权制度来进行。鉴于此生态物权的概念被提出，因其客体是生态环境、其内容是生态利益，所以本书没有采取环境物权的概念或者环境使用权的概念，而使用生态物权的概念，来彰显其特殊性和独特性。就"环境物权"概念的法律准确性方面来讲，是不准确的，因为环境是一个非常广义的概念，它可以指各种各样的环境，如自然环境、人工环境、社会环境、投资环境等[2]，然而生态物权仅指生态环境所承载的生态利益的物权形态，而非是

---

[1] 参见《民法总则》第 9 条规定：民事主体从事民事活动，应当有利于节约资源，保护生态环境。

[2] 参见王树义：《俄罗斯生态法》，武汉大学出版社 2001 年版，第 12 页。

其他环境所承载的利益在物权中的形态，因此从法律准确性上来进行判断，环境物权的使用并不准确。

以环境利益的使用遮蔽了生态利益和资源利益，环境物权的建构逻辑是从物的经济功能和生态功能出发考虑的[1]，但是物的生态功能必须在组成一定的系统之后才能彰显。鉴于生态环境的整体性，在其结构耐受范围内，个体物的变化并不必然引起生态利益供给的减少或者增加，因此环境物权以个体物为逻辑进行权利设计在逻辑上存在疑问。而在环境使用权的概念中，其客体则为整个生态环境资源，但是生态环境虽然在伦理结构上并不可分，但在法律中出现时，其被人为地分割为宏观、中观和微观三个层面，在当前的环境容量的确定过程中，也因地域的差异、生态环境要素分布的差异而出现明显的不同，所以把环境使用权的客体界定为环境资源整体在法律上也有所偏差。因此从法律逻辑上分析权利的生成过程，生态物权的使用也更为科学和准确。

当前我国第二代环境法初露端倪，以整体和系统的观点来看待环境保护，生态利益在法律中得到彰显，2017 年颁布实施的《民法总则》中绿色原则使用的也是生态环境一词，党的十九大报告中高频次使用生态一词，2018 年组建的生态环境部，某种意义上在生态环境的生态属性需要彰显的领域，生态环境一词已经取代了环境一词。把"生态"与"物权"相连，其中"生态"是指该种权利的客体和内容的特殊性，突出了是对生态环境的生态利益的使用与收益，"物权"则表明了权利的性质，是对生态环境物性的判断，也是对当前生态环境的一体两面性的继承和发展。因此从生态利益彰显的角度来看，在当前的社

---

[1] 参见吕忠梅：《沟通与协调之途——论公民环境权的民法保护》，中国人民大学出版社 2005 年版，第 165 页。

会背景和法律环境下，使用生态物权一词更为科学和准确。

从权利在物权体系中所处的位阶来看，环境物权作为权利束，其内容包括了环境使用权、环境保护相邻权、绿化的不动产物权等概念，但同时环境物权又是用益物权的一种，其应为用益物权的下位概念，但其又没有可以操作或执行的内容，要借助于原有用益物权类型或者环境使用权的概念，因此从权利位阶来讲，环境物权处于尴尬的地位，其上不能和用益物权并列，下不能与具体权利类型同行，所以作为虚置的环境物权存在的价值仍需进一步讨论。

上文提到生态物权与环境使用权比较类似，但是环境使用权这一词因为环境一词本身的准确性，以及环境利益包括了资源利益在其中也容易给人造成误解。再者环境使用权或者排污权的说法也会让人产生误解，围绕排污能否成为一种权利曾经进行过广泛的讨论。排污是对环境的损害和破坏，影响到了不特定多数人的利益，在生态危机的今天，如果把排放污染也作为一种权利而存在，这对于饱受污染折磨的人们来说实在难以接受。因此相对于环境使用权来说，生态物权的概念也更为准确。

2018 年国务院机构改革过程中，将国土资源部的职责，国家发展和改革委员会的组织编制主体功能区规划职责，住房和城乡建设部的城乡规划管理职责，水利部的水资源调查和确权登记管理职责，农业部的草原资源调查和确权登记管理职责，国家林业局的森林、湿地等资源调查和确权登记管理职责，国家海洋局的职责、国家测绘地理信息局的职责进行整合，组建自然资源部；整合分散的生态环境保护职责，统一行使生态和城乡各类污染排放监管与行政执法职责，加强环境污染治理，保障国家生态安全，建设美丽中国，组建生态环境部。自然资源部和生态环境部，分别对应了环境的资源利益和生态利益。

在政治领域中是把自然资源作为个体的单独的要素进行分析，而且由于自然资源在利用过程中直指资源的物质载体，这也使权属制度中出现的自然资源是从物理形态的利用性与支配性来加以判断的，而生态环境则是以整体的和综合的形态出现，两者之间看待和分析事物的侧重点并不相同。把环境容量作为资源，模糊了环境容量是生态利益的环境科学用语的生态特色，进而混淆了生态利益和资源利益，这样的做法在法治健全、生态良好的社会当然是最优的选择，但是当前生态危机、生态利益亟需彰显的时代，这样的混淆和混同，将会导致资源的滥用和生态环境的恶化。因此生态物权并不是资源产权，是建立在生态环境的国家所有权的基础上的他物权，生态物权只是作为环境保护的一种权利形式，契合社会的功利性价值评价体系，其目的在于通过权利的赋予、利益的实现，调动社会主体从事环境保护事业的积极性。从权利的设立目的来看，生态物权是平衡利用最大化与损害最小化的结果，与资源产权所追求的利用最大化有着本质的区别，从母权来看，资源使用权的母权是资源的所有权，生态物权的母权是生态环境的所有权，两者从属于两个不同的权利体系，彰显了两类不同的利益形态。

第二节　生态物权的客体界定

有权利必要有客体，权利客体是权利内容所指向的对象。在物权法领域中，所有权的客体是物，用益物权的客体也是物，担保物权的客体可以是物也可以是权利，"在物权中，权利本身只是在例外情况下，可以成为物权的客体，一般情况下，物权以有体物为支配对象。"[1]关于生态物权的客体，就目前的研究来看，存在一定的争议，吕忠梅教授主张"环境使用权的客体是环境资源整体"[2]，邓海峰教授主张环境容量是排污权的客体[3]，杜寅博士提出"环境生态惠益的载体是传统的自然资源物权客体"[4]，具体而言是已经纳入到物权法中具有环境生态惠益的资源要素。对生态物权客体的争议，使本书从物权客体的历史演进中寻求对物的概念进行界定，并从生态利益的生成过程来寻求生态物权的物质载体，结合新时期物权客体理论的变化探讨生态物权客体的特定性问题。

一、 物权法中"物" 概念的历史演进

（一）"物"的概念的历史演进

"夫物之不齐，物之情也"[5]，受法律调整的物并不是一成不变的，随着人们认识水平的提高和控制能力的增强，物的范围也在不断延展和延伸。现代民法意义上的"物"并非源于罗马法的概念，在法律传承的过程中，其承袭了德国法的具有特定含义的物的概念。[6]资料显示，古罗马时期并未出现物化自然的主客二分法，尚未有明确的物的概念，人、动物、自然平等相处。在当时的社会阶段和价值理念中，并不是所有的自然人都可以成为为数不多的法律和国家权力保护的对象，奴隶

---

[1] 王利明：《物权法论》，中国政法大学出版社 2003 年版，第 29 页。
[2] 吕忠梅：《沟通与协调之途——论公民环境权的民法保护》，中国人民大学出版社 2005 年版，第 173 页。
[3] 参见邓海峰：《排污权——一种基于私法语境下的解读》，北京大学出版社 2008 年版，第 63 页。
[4] 杜寅："环境生态惠益的物权化研究"，载《中国地质大学学报（社会科学版）》2016 年第 4 期。
[5] 《孟子·滕文公上》。
[6] 参见杨立新主编：《民法物格制度研究》，法律出版社 2008 年版，第 1 页。

并不是法律主体，其在法律中出现时以财产的形式而存在，这种情形在中国也是如此，[1]具有特定社会地位的自然人才是法律主体，受法律调整和保护的物也以具有重要的生活意义的物为主。随着社会生产力的发展，社会结构发生剧烈的变化，奴隶制的解体和封建社会的确立，在 1537 年，罗马教皇保罗三世宣告，印度人、黑人或新大陆的土著居民也是真正的人类，[2]教廷的谕旨影响了教会法，法律才把自然人作为法律的主体，赋予了独立的法律人格，与自然人相对应的，其他非主体的客观存在就成了法律客体。就罗马法中对于物的概念学说争议来看，主要有"泛物说"和"金钱说"两种观点。"泛物说"提出在人之外，自然界所有的客观存在都可视之为物；"金钱说"主张有经济价值或者可以转化为货币衡量的事物（除身份权），均可为物。[3]两种学说各自侧重不同，"泛物说"的物的概念范围广漠，只要排除在法律主体之外的均可为物，强调支配性；"金钱说"则关注能否量化为货币形式，通过经济价值来衡量，强调财产性。现代物权法中的"物"的概念，则是两者之间的结合，财产属性和支配性同时兼具，才是现代意义的"物"。

随着现代物权体系的确定，在大陆法系国家因各国的风土人情、历史传统、宗教习惯、法律文化的差异，对物的概念确定，也有所差异。《德国民法典》固守"物必有体"的观念，认为有体物才是物权客体。但《德国民事诉讼法》却把物的范

---

〔1〕　凡人口、牲畜之类的大宗交易谓之"大市"使用"长券"即"质"。参见《周礼·地官·质人》。

〔2〕　参见薛军："'物'的概念的反思与中国民法典的编纂"，载《法学》2002 年第 4 期。

〔3〕　参见谢邦宇主编：《罗马法》，北京大学出版社 1990 年版，第 164 页。

围进行了拓展，无体物和权利都属于物的范畴。[1]甚至法院判决支持了对为避免丧失生育能力而专门存放起来的精子造成损害的赔偿请求[2]，将物的概念扩展至从身体中脱离出来的能够独立存在的部分。《日本民法典》照抄了《德国民法典》的物的概念，坚持纯粹的"物必有体"的概念，在面对电等新型的财产形式，即使承认了对其的支配权，但是并不把它作为物的存在。随着社会的发展，日本学者认识到了"物必有体"与当前的瞬息万变的社会经济生活并不一致，新型的财产形式不断涌现。为顺应社会发展的潮流，日本学者也主张对物的概念进行扩展，或者通过对物的概念的扩张解释，将无体物纳入其中；或者通过单独的立法，将无体物视为特殊的物权客体。《法国民法典》虽然没有物权的概念，其采用了财产权的概念，将财产划分为动产和不动产。但是法国学者并不否认物权的存在，认为"以物为客体的权利就是物权"[3]，"物"为财产中可以通过感觉尤其通过手的触摸而感知其存在的客体[4]。从这个概念进行研究，可以看出法国物的概念源于"金钱说"的观点，只要能够成为财产的一部分并且能被占为己有的财富即为物，如对物的所有权，以及与物有关的各种权利（用益权、地役权）或与物无关的其他权利（作品的著作权）等。[5]"在无生物致害领域，法国法院通过判例法将物的范围逐步扩大到了放射线

----

〔1〕 参见梅夏英：《财产权构造的基础分析》，人民法院出版社2002年版，第95页。

〔2〕 参见［德］M.沃尔夫：《物权法》，吴越、李大雪译，法律出版社2004年版，第7~8页。

〔3〕 ［法］雅克·盖斯旦等：《法国民法总论》，陈鹏等译，法律出版社2004年版，第167页。

〔4〕 参见尹田：《法国物权法》，法律出版社1998年版，第13页。

〔5〕 参见钱明星："我国物权法的调整范围、内容特点及物权体系"，载《中外法学》1997年第2期。

和电气等自然力。"[1]在《瑞士民法典》承认了"自然力"的物的地位[2]之后，自然力的物权客体地位被越来越多的国家所认可和接受。[3]

我国物权体系的物的概念，也经历了一个演进的过程，清末修法的过程中，承袭了日本民法"物必有体"的观点，1929年民国民法典在起草时则将物的概念界定为："物者，谓有体物及法律上俱能支配之自然力。"[4]由于科技的进步和社会变迁对物的概念的冲击，我国民法学者对于纯粹的有体物的观点[5]并不认可，采用了以有体物为主体，将其他的新生事物视为物，从而将自然力和空间也纳入了物权客体的外延型的定义方式。"物者，人体之外，人力所能支配，并能够满足人类生活需要之有体物及自然力也。"[6]"能够为人力控制并具有价值的特定空间视为物"，"随着高层建筑和地下建筑的出现，特定空间可称

---

〔1〕 邱聪智：《从侵权行为归责原理之变动论危险责任之构成》，中国人民大学出版社 2006 年版，第 166 页。

〔2〕《瑞士民法典》第 713 条："性质上可移动的有体物以及法律上可支配的不属于土地的自然力，为动产所有权的标的物。"

〔3〕《韩国民法典》第 98 条："此法律称物件者，谓有体物与电气及其他管理可能之自然力"；《埃塞俄比亚民法典》第 1129 条："除非法律另有规定，电力之类的具有经济价值的自然力，当它们被人控制并投入利用时，视为有体动产"；《魁北克民法典》第 906 条："为人控制和利用的波或能，不论其来源于动产或者不动产，均视为有体动产"；《阿根廷民法典》第 2311 条："有关物的规定，准用于能被控制的能量和自然力"。

〔4〕 史尚宽：《民法总论》，中国政法大学出版社 2000 年版，第 249 页。

〔5〕 王利明教授认为物权的客体不仅要是有体物，而且还必须是独立物、特定物，原则上应当是单一物。所谓单一物是指形态上单独、个别存在的物；所谓独立物是指在物理、观念、法律上能够与其他的物区别开而独立存在的物；特定物是指具有单独的特征，不能以其他物替代的物。参见王利明：《物权法研究》，中国人民大学出版社 2002 年版，第 29～33 页。

〔6〕 杨与龄著：《民法概要：债编及亲属编再修正》，中国政法大学出版社 2002 年版，第 45 页。

为物权客体，因此空间也被视为物。"〔1〕我国 2007 年颁布实施的《物权法》的第 2 条也将物的概念界定不动产、动产和权利；在第二编所有权中将自然资源和自然力纳入了物权的调整范畴，适用物权的规则；在第三编中设定用益物权明确了几种权利类型可以适用用益物权的规定。

我国《物权法》第 2 条明确规定了物权法的适用条件，这决定了能否归属于物是适用《物权法》的前提和基础。但我国对物又没有直接定义，而是采取迂回的方式，界定了有体物之外的视为物和准用物权调整的权利类型。概念的模糊导致了适用上的不确定性，在社会转型、权利膨胀的当代，当一种新的财产形式出现时，财产的权属问题亟待《物权法》做出回应。法律发展随着人类活动范围和活动能力的扩展而不断拓展，民法物的概念与物理学的发展有密切的关系。最初法律的有体物是以人的五官感觉而定，需要以一定的物理形式存在。随后物理学的发展带来了民法上有体物概念的扩展，固体、液体、气体都是有体物，再其后又把自然资源以"自然力"的名义〔2〕纳入进来。从物的概念的理论研究和法律规范的历史演进来看，物的概念并不是一个完全封闭的体系，随着社会的发展而不断地变化。我国《物权法》承袭了大陆法系国家中的狭义的物的概念，强调物的物理形态，从是否是有体物、单一物、特定物、独立物来评价物权法调整的可能性。自自然力（电、热）纳入了物权的客体范畴后，物的概念似乎出现了缺口。自然力本质上是一种能量，是高度"商品化"的产品，虽然其具有可支配性和排他性、直接利用性的物的属性，但是自然力作为无生物

---

〔1〕 孙宪忠：《争议与思考——物权立法笔记》，中国人民大学出版社 2006 年版，第 38~39 页。

〔2〕 参见杨立新主编：《民法物格制度研究》，法律出版社 2008 年版，第 9 页。

和无形物的存在，也与传统"物必有体"的观点相冲突。对此王利明教授将无形物的概念扩展至自然力，指出："对于电、热、声、光以及空间等在物理上表现为无形状态的物，一般都认为是有体财产的延伸，仍然属于有体物的范畴，因为它尽管是以一种无形的状态表现的，但它仍然是一种不依赖人们客观意志的存在，而且能够为人们所支配。"[1]因此放弃"物必有体"的观点，也是现代物权法研究的起点。[2]

(二)"物"的概念厘定

虽然物权的概念的封闭保障了物权的清晰性，保证物之间的相互区分特定，保证主体能够独立地支配物，防止由于信息不对称而造成的物权被排斥的风险，但物权客体的概念封闭性遭遇了医学技术、生态危机、信息化和数字化的冲击，"物必有体"的学说出现了松动，现代物权法的发展大多也放弃了对"物必有体"的坚持。

社会的发展带来法律的变化，利益种类的多样和社会价值的变化，使物权与债权的关系也发生了变化，物权不再是债权的基础和目的，债权也不仅仅只是物权实现的手段，物权和债权由以往的静态权利设计和动态的权利变动的关系，变为现在以价值为本位的债权中心。"中世纪所确立的以所有权为中心的物权体系以静态权利设计为主，但在社会发展过程中，物作为资本的要素，其在法律中出现更多是以动态的形式进行。债权中所呈现出来的对于利息的欲望和对价值的追求，是经济活动的目的，债权超越了物权行使的手段，上升为法律生活的目的。物

---

〔1〕 王利明主编：《中国物权法草案建议稿及说明》，中国法制出版社2001年版，第174~175页。

〔2〕 参见杨立新、王竹："论自然力的物权客体属性及法律规则"，载《法学家》2007年第6期。

的经济价值通过债权的设计，从不同的债权之间进行流转。"〔1〕
债权中心地位的确立以及与物权关系的变更，也使得以价值形
态出现的财产的法律地位越发重要，物权体系的价值改造也成
为可能，已有学者批评当前坚守的"物必有体说"缺少灵活性
和适应性，应借鉴英美法系国家中有关的财产的宽泛概念，以
价值为本位，重塑物的概念。〔2〕英美法系国家没有物权的概念，
适用财产法的概念，但是纵观英美法系国家的法律体系，也存
在着物权体系。英美法系国家的物权体系是平权结构，不是等
级体系，也没有一物一权的原则，一物之上存在内容相同的几
个物权，〔3〕根据时空维度进行分化，其在权利行使时可以特定，
从而实现物在利用时价值最大化。在英美法系中，"物权中的所
有权并不附着土地，而附着一个抽象的实体：地产权，居于土
地占有人与土地之间，纯粹是概念性质的，但是法律却把它当
作似乎是真实的东西。"〔4〕因此英美法系国家物权法律体系更重

〔1〕 [德] 拉德布鲁赫著：《法学导论》，米健、朱林译，中国大百科全书出版
社1997年版，第64页。

〔2〕 参见吕忠梅："关于物权法的'绿色思考'"，载《中国法学》2000年第
5期；邓海峰："海洋环境容量的物权化及其权利构成"，载《政法论坛》2013年第
2期。

〔3〕 由于不动产物权纯粹是法律抽象出来的，因而两个主体可同时拥有针对
同一客体的权利，在事先确定的时间和范围内享有不动产的权利。这也就是说地产
权可以在时间上进行分割，几个人同时和相继可以拥有同一客体物的所有权。在这
里，几个权利人对土地的权利，只有时间和内容上的差异，没有效力或法律地位上
的差异，所有权利都被称为property，都是一种可独立转让和处分的财产权。如果B
应等到A死亡后才可以实际占有不动产，那么，他不是在A死亡后而是与A同时享
有estate权利。Estates所确立的原则有二：一是它依据时间和内容不同而分类；二是
几个人可以同时分别或独立地拥有同一不动产。参见高富平："从实物本位到价值本
位——对物权客体的历史考察和法理分析"，载《华东政法学院学报》2003年第5
期。

〔4〕 上海社会科学研究院法学研究所编译：《民法》，知识产权出版社1981年
版，第70页。

视价值的实现而不是对物的规制和调整。

厘定物的概念的同时，应当注意到物作为物权客体存在，其必须具有法律规定之外的事实存在性，当直接界定物的外延型概念难以形成共识的情况下，去寻求物的共性也不失为一种界定概念的方法。就物权法对物的设定来说有直接支配性和排他性两个特征，那么再探求物的概念时就可以寻找一种能够同时满足这两个特征的事实存在所具有的共性。已有学者关注于此，提出"民法上的物都具有物理属性"〔1〕来揭示物的内涵。但是现代社会中信息技术的极大运用，生态时代的来临，新型的财产形式已经突破了原有的内涵式定义，但综合分析物的属性，可以发现无论是新出现的物的形式还是原有的物的形式都可以用自然属性这一共同的属性来揭示物的内涵。"自然属性是指物的产生、存在、发展和消灭，依赖于自然世界的实施存在而非人类社会"，"民法上物的范围将随着人类征服自然的能力不断扩大而呈扩大趋势。"〔2〕而作为物权客体的物又源自于法律的规定，其产生发展与变更，通过物权行为在人类社会得以体现，是以物又具有社会属性。因此物权中的物可以自然属性和社会属性进行概括与定义。

二、　生态环境是特殊的物权客体

（一）　生态环境是生态利益的物质载体

利益是利益客体对人有用性的表现，利益客体以"物"的形式存在于社会当中，可以为人类所感知和认识。利益客体多种多样，感知和理性的自在与自洽、拓展与升华决定了利益客体的范围的变化。虽然利益的内容是客观的，但利益的形式是

---

〔1〕　张俊浩主编：《民法学原理》，中国政法大学出版社 1997 年版，第 299 页。
〔2〕　魏振瀛主编：《民法》，北京大学出版社 2000 年版，第 118 页。

主观的，就当前的利益形式来看，按照利益主体可分为个人利益、集体利益、社会公共利益；按照利益覆盖的区域可分为整体利益、区域利益；按照利益的对主体的重要程度可分为基础利益、暂时利益；按照利益的内容可分为物质利益、精神利益、经济利益、政治理念；按照利益的实现与否可分为观念利益、理想利益和现实利益。利益与利益客体不同，利益是利益客体的一种属性，是依附于利益客体的存在，因其能够满足社会主体的需要而得以显现，并为社会所认可和接受，随着社会主体对事物认识能力的提高和需要的多样性而得以变化和发展。利益客体则是利益主体之外的其他的事物，包括物，也包括人，是利益得以存在的物质基础。

从生态利益的生成机理来看，生态利益与生态环境的关系表现为：生态环境是生态利益的物质载体，是生态利益的本源创造者和提供者，生态利益的生成和稳定的产出是由生态环境决定。生态利益是生态环境的产出能力与自净能力的社会体现与认可，表现为人的生命和健康的安全、生命系统的安全等。[1]生态利益供给的数量、质量与生态系统本身的健康与稳定有关。生态环境是一个相对封闭的由多个环境要素交互作用构成的复杂系统，其内部结构的稳定与外部功能的显现，受自然规律与人为活动的影响，处于不断的变化之中。生态系统的构成要素的变化、生态系统的结构或稳定性的破坏，都会引发生态利益供给的变化，直到紊乱的结构形成新的平衡，依附于生态环境的生态利益才能持续稳定的供给。进入现代社会之前，生态环境的结构或功能的破坏主要是由于不以人的意志为转移的自然原因所导致，诸如火山、海啸、地震等，所引发的生态利益供给的贫乏

---

〔1〕 参见梅宏："生态损害：风险社会背景下环境法治的问题与思路"，载《法学论坛》2010 年第 6 期。

与乱象，人们只能被动地接受和适应。进入现代社会之后，人类活动能力的增加和活动范围的扩大，对生态环境开发的制度性和计划性安排，和自然因素相互交织一起，形成典型的"自然—人工"二元干扰[1]，成为生态利益的增进或减损的重要因素。合理的制度安排和集体行动，可以增进生态利益的供给，背离自然规律的制度安排和集体行动，将打乱生态利益的供给，减少生态利益的生成，进而危及经济社会的发展。

美国学者霍尔姆斯·罗尔斯顿从伦理学的视角对生态环境所承载的价值作了全面的界定："生命支撑价值、经济价值、消遣价值、科学价值、历史价值、保护基因多样化价值、审美价值、文化象征价值、生命价值、宗教价值、性格塑造价值。"[2] 生态利益自形成与产生以后相对于生态环境的其他属性来讲有着显著的区别，生态利益是生态环境对人们需要的满足和人们对生态系统所享有的非物质性的价值收益。与资源利益对应的生态环境的经济属性不同，生态利益体现的是生态环境的生态属性。生态系统中矿产、森林、河流、草原等本身是人们所利用的资源产品，也能够提供净化空气、清洁水质等生态服务功能，是以资源利益和生态利益与生态环境的关系呈现出"一体两面"的特点。

（二）生态环境是新型的特殊物权客体

生态物权是一种新型的物权类型，是生态利益纳入物权法调整范畴后的产物。但是生态利益只是生态物权的内容，寻求物权制度保护，还需要从生态利益的载体——生态环境出发，

---

〔1〕 参见史玉成："生态利益衡平：原理、进路与展开"，载《政法论坛》2014 年第 2 期。

〔2〕 ［美］霍尔姆斯·罗尔斯顿：《环境伦理学——大自然的价值以及人对大自然的义务》，杨通进译，中国社会科学出版社 2000 年版，第 3~23 页。

来讨论是否能够成为物权的客体。

1. 生态环境是公共用公物

所谓公物是指以公共利用为目的，由国家进行保障和管理，并由其提供的具有共享性和普惠性的有体物，[1]其与私法中的物的概念保持了高度的一致，坚持了有体物的说法。其后物的概念的变化，使公物的范围也在不断的拓展，无体物的概念也被纳入公物的范畴，我国台湾地区学者李震山、林锡尧就认为公法上的公物包括但不限于当前民法概念中的有体物，无体物也属于公物的范畴。[2]肖泽晟的观点更开放，将信息等也认为是公物的范畴，大大扩展了物的概念，其认为行政信息、无线电波、因特网、环境均是公物，甚至全民所有的知识产权、经营许可证、公共职位、国家科研项目也是公物。[3]

罗马时期已经有公物与私物之分，"某些物依据自然法是公众所共有的，有些是公有的，有些属于团体，有些不属于任何人，但大部分都属于个人的财产"[4]，1804年《法国民法典》将财产分为公共财产和私人财产，主要通过财产的使用情况来加以划分，从而形成了三个标准：①公众直接使用；②公务使用；③与公产接触的物体。[5]德国的公物概念有广义与狭义之

---

〔1〕 法国、德国、日本、韩国学者大都认为，公物是指国家或公共团体直接为了公共目的而提供使用的有体物。参见［日］盐野宏：《行政组织法》，杨建顺译，北京大学出版社 2008 年版，第 237 页。

〔2〕 参见林锡尧：《行政法要义》，元照出版有限公司 2006 年版，第 552 页；李震山：《行政法导论》，三民书局 1998 年版，第 127 页。

〔3〕 参见肖泽晟："公物、公物法与公营造物"，载应松年主编：《当代中国行政法》，中国方正出版社 2005 年版，第 438~439 页。

〔4〕 ［罗马］查士丁尼：《法学总论——法学阶梯》，张企泰译，商务印书馆 1997 年版，第 48 页。

〔5〕 参见张建文："社会转型与国有财产制度的变迁——以公产、私产区分的国家财产理论为视角"，载《长白学刊》2005 年第 5 期。

分，广义的公物包括财政财产、行政财产和共用财产，是为行政目的而使用的财产；狭义的公物仅指共用财产。[1]日本的公物则指"国家或公共团体直接为了公共目的而提供使用的有体物"[2]。英美法系国家没有概括性的公共用公物的概念，通过财产法予以调整。[3]我国对公共用公物的研究主要从行政法的角度展开，认为公共用公物是为公共利益而提供公众共同使用的财产，即共有物。[4]"为满足公用目的，依据公法规则确立的，供公众使用或受益的财产。"[5]

因此公共用公物可以从两方面来进行界定：①是否承载着公共利益；②是否为公共使用。公共用公物的存在不是为了私人的利益，而是用以满足保障公民基本生活条件和人性尊严，也可用以提高公众的生活质量，为公众的自我发展提供机会，保障公民良好的生活环境。"人类有权在一种能够过尊严的和福利的生活的环境中，享有自由、平等和充足的生活条件的基本权利，并且负有保证和改善这一代和将来世世代代的环境的庄严责任。"[6]因此公共用公物设置的目的在于全体人民或最大多数人民的最大利益。随着政府职能的转变，实施公共管理之外，还有提供公共产品和公共服务的职能。而公共用公物承载着公共利益的特征，也使其在理性经济人的人设环境的现代社会中，难以有私主体进行持续而充足的提供，因此提供或管理公共用公物是政

---

　　[1]　See Wilfried Erbguth, Joahehim Becher, *Allgemeines Verwaltungsrecht*（*Teil 2*）（*2 Auflage*），Verlag W. Kohlhammer, 1987, p. 1.

　　[2]　[日] 盐野宏：《行政组织法》，杨建顺译，北京大学出版社 2008 年版，第 237 页。

　　[3]　参见张杰：《公共用公物权研究》，法律出版社 2012 年版，第 22~23 页。

　　[4]　参见张杰：《公共用公物权研究》，法律出版社 2012 年版，第 25 页。

　　[5]　余睿："行政法中的公物权制度研究"，武汉大学 2008 年博士学位论文。

　　[6]　张杰：《公共用公物权研究》，法律出版社 2012 年版，第 55 页。

府的责任和义务，"公共用公物是公共物品的一种，是私人不愿意提供或无法提供而由政府提供的物品。"[1]虽有私主体也将自己的财产提供给公共使用，但这只是基于私主体自身的意愿而形成的事实上的公物，并不是私主体的社会法律责任。公共用公物具有可利用性，但在其利用的过程中，却不具有排他性，每个社会成员基于身份而自然使用，具有公共收益或联合消费的特点[2]，"公共物品就是这样的一种物品，在增加一个人对它分享时，并不导致成本的增加，（他们的消费是非竞争性的），而排除任何个人对它的分享都要花费巨大成本（他们的消费是非排它性的）。"[3]

生态环境作为物的存在，其承载着生命支撑、审美、文化、经济等多样的利益种类，尽管土地作为重要的环境要素被一些国家法律确定可以为私人所有，但是许多环境物品从未被列入私人财产的范围。古罗马诗人奥维德借达达鲁斯之口说出这样一句话："尽管迈诺斯可能拥有一切，但他并不拥有空气。"[4]事实上，根据罗马法，任何个人，哪怕是皇帝拥有空气或其他具有社会重要性的环境物品都被认为是违背自然法的。《查士丁尼法学阶梯》规定："根据自然的法律，这些东西——空气、流动的水、海洋以及海岸——属于人类共有。"至今，在绝大多数国家，在绝大多数情况下，这些环境物品仍然是私人所有权禁

---

〔1〕 高鸿业、吴易风：《现代西方经济学》，经济科学出版社1990年版，第251页。

〔2〕 参见董礼胜等：《中国公共物品供给》，中国社会出版社2007年版，第14~16页。

〔3〕 ［美］约瑟夫·斯蒂格利茨：《经济学》，中国人民大学出版社2000年版，第140页。

〔4〕 D. E. Hill, *Ovid. Metamorphoses V - VIII*, Liverpool University Press, 1992, p. 111.

止入内的。在美国，个人可以拥有诸如小池塘这样的非可航水体，也可以拥有地下水（将水抽出之后）[1]，但他们不能拥有在可航水体上流动的水，他们只能拥有优先使用的权利（使用权）和用益权，而且联邦最高法院宣布：为了航行的目的，美国的水道是"国家的公共财产"[2]，18 世纪晚期的 Grant V. Duke of Gordon 案就说明了英国可航水域也属于公共财产，因此生态环境要素大多不能为私人所有，而由这些要素所组成的生态环境整体上呈现出了一定的不可分性，承载着社会公共利益，具有公共用公物的明显特征。

2. 生态环境公物性下的物权法适用

日本学者美浓部达吉认为："公物与私物的区别是直接供给国家的目的之用与否的区别，而不一定是遵守公法或私法的规律的区别。"[3]早期的生态环境是作为无主物存在的，后虽被确定为公共所有又受"劳动价值的理论"的影响，除了一些经济价值为人们所发现的生态要素，其他被视为无价的东西。因此在生态环境的生态利益的获取上适用了先占或自由获取的方式，亚里士多德曾经提出："无论何物，只要它属于最大多数的人共有，它所受到的照料也就最少"[4]，哈丁 1968 年在其发表的论文中提出了公地悲剧理论，生态环境的公共物品属性使环境物品被习惯性滥用，这引起了社会上广泛的共鸣与认可，人们通常把造成污染或其他环境问题的首要原因归结于财产权制度安

---

〔1〕 See Partha Dasgupta, *The Control of Resources*, Cambridge Mass: Harvard University Press, 1982, p. 15.

〔2〕 Gilman V. Philadelphia. 70 US 713. 725 （1865）.

〔3〕 〔日〕美浓部达吉：《公法与私法》，黄冯明译，中国政法大学出版社 2003 年版，第 101 页。

〔4〕 丹尼尔·H. 科尔：《污染与财产权：环境保护的所有权制度比较研究》，严厚福、王社坤译，北京大学出版社 2009 年版，第 1~2 页。

排的缺失。"如果财产缺乏所有权主体，那么任何人都会有足够的积极性去充分利用它，或者防止人们去自私地加以利用。"[1]现实和次优世界里财产权的缺位，使生态利益处于自由获取的状态，没有人可以排除任何其他人使用生态利益，也没有一个使用者或者使用团体能够站在其他使用者或者使用团体的对立面实施他们的管理决定，资源损耗和污染问题都根源于自由获取的体制（无财产权）所创造的激励机制，在这种体制下，没有人可以排除任何其他人使用给定的资源。虽然理性经济人会发现他向公地排放污染物所承担的成本远远低于他在排放污染物之前净化这些污染的成本，但对于追求个人利益的理性人来讲，这又是无比正确的，因此只要我们作为一个独立的、理性的、自由的人来行动，我们就进入了弄脏自己家园的境地。

　　哈丁在阐释了公地悲剧理论之后提出了两条解决问题的路径：私有化和管制。这两条路径都是对原有自由获取体制的限制和制约，都有着自身的合理性和缺陷，其中管制也是当前环境法使用的主要手段，其优缺点在过去几十年的实践中得以充分的暴露。传统福利经济学将环境问题解释为由于外部性导致的市场失灵的症状，自由市场环境保护主义者更进一步认为环境市场失灵源于对生态环境的财产权没有完全特定化，政府主导的行政管理也许能够解决环境外部性的症状，但无法矫正市场失灵背后的原因。唯一有效的、正确的、适当的做法就是完全的私有化。但是完全由私主体对生态环境按照自己的意愿来行使权利，又因私主体的鼠目寸光和理性经济人的假设，使私有化也存在着自身的局限。博茨瓦纳草地私有化之后，有学者对私有化前后的放牧率和环境影响进行比较研究，揭示了私人

---

〔1〕　〔美〕凯斯·R. 孙斯坦：《自由市场与社会正义》，金朝武等译，中国政法大学出版社 2002 年版，第 276 页。

所有权并没有提高草地的经济和环境管理，牲畜的出生率和以前一样，私有化的牧场上每头牲畜的边际产出更低，资本回报率降低了61%。19世纪的英国，私人林地所有者事实上砍光了整个乡村，到1919年，英国的森林覆盖率在欧洲各国是最低的，[1]而这些滥砍滥伐几乎全部发生在私人所有的土地上，为了解决这个问题，议会在1919年创造了一个新的公共组织——森林委员会来购买土地并重新绿化，在20年间将英国的森林覆盖率提高到了25%。[2]因此纯粹的私权化路径，以契约自由和意思自治的物权体系来对生态环境进行调整并非是解决自由获取体制难题的最佳答案。

物权具有资源配置、激励、约束、减少不确定、外部性内部化等经济功能，[3]"运用产权系统解决外部性的一个明显优势是：在这个系统下，受害者有直接的利益，承担执行法律的责任，而不是依靠政府来确定不发生外部性。很明显，这个系统更有效，因为受害者比政府更愿意弄清侵权事件是否发生，所以有关产权侵害的举证责任往往由受害者承担（特殊情形下是加害人承担），而成为一种降低究责成本的激励制度。"[4]物权制度在生态环境的生态利益保护层面的运用，可以降低交易的不确定和交易成本，使每个社会主体与他人形成交易的稳定预期。但是在进行生态环境物权保护时，还存在一个制度困境，

[1] See Evans, David, *A History of nature Conversation in Britain*, New York: Routledge, 1992, p. 57.

[2] See Evans, David, *A History of nature Conversation in Britain*, New York: Routledge, 1992, p. 57.

[3] 参见周林彬：《物权法新论——一种法律经济分析的观点》，北京大学出版社2002年版，第147~159页。

[4] [美]迈克尔·詹森、威廉·梅克林："企业理论：管理行为、代理成本与所有权结构"，载陈郁编：《所有权、控制权与激励——代理经济学文选》，上海三联书店、上海人民出版社1998年版，第86页。

就是生态环境的生态利益经济量化的困难。虽然生态环境的生态利益可以转化为经济价值，量化为货币形式，但是什么原因导致生态环境的生态利益在进行法律调整时选择了公法的行政管控，而不是私法的市场配置。表面的简化无助于问题的解决，当把生态环境问题归结于政府失灵和财产权制度缺失时，这是无法回避的深层原因。正如经济学家所熟知的那样，并不能在生态环境上建立完全准确的财产权，因为界定它们必须付出高昂的成本，生态利益到生态价值的转换过程是一个庞大的体系，需要专业的测算和计量，需要长时间的观察和监测，时间、金钱、技术、硬件缺一不可，生态要素的变化对整体生态环境所提供的生态利益的影响的评价，这些都是在进行生态利益物权保护时必须面对的问题。法律在保障公民权利实现时，必须遵循使用便利的基本原则，生态环境的生态利益转化困难，其认定的成本已经超出了使用人可以承受的范围，[1]而且旷日持久地付出的时间成本，也使物权保护望而却步。而行政管制基于管理权对生态环境的生态利益的使用范围、使用数量、使用时间进行行政上的认定，降低了交易的成本，土地使用权出让制度就是活生生的例子。当前私力公权化和公权私力化的趋势，使两者之间的衔接和融合成为可能，行政赋权成为物权取得的一种方式，对实现市场与政府之间的互助与自足、社会利益最大化具有重要的意义。

重新审视环境法和民法，在物权体系中可以惊喜地发现准物权具有公权和私权的双重属性，其权利的取得来自于行政赋权行为，权利行使和变动则主要适用物权规则。准物权在应对生态

---

〔1〕 根据 2016 年由环境保护部环境规划院组织，环境保护部政策法规司、环境损害鉴定评估推荐机构和环境损害鉴定评估试点地方相关代表参与的环境损害鉴定评估工作收费问题讨论会所达成关于规定收取鉴定评估费用的会议共识，对生态利益的鉴定费成本由基础费用、劳务费、项目支出三个部分组成。

危机的过程中产生，其本身具有一定的生态利益分配和使用的内容，为公共用公物进入物权客体的范畴树立了样本和榜样。准物权的横空出世为生态环境成为物权客体提供了新的契机和机遇，借助准物权的客体理论，生态环境也可以进入物权客体的范畴。

三、 生态环境特定化的方法

（一） 生态环境的整体性在法律中的体现

生态环境在生态学中的概念与法律中的概念并不一致，法学中的概念除借助于生态学的概念阐释外，还保有社会学科的特色。法学中的生态环境有宏观、中观和微观之分，宏观的生态环境是地球的事物构成了一个完整的生态系统，作为一个整体出现，中观的生态环境以国别为划分，分割为不同的区域的生态系统，微观生态环境表现为以某一主体生态要素为中心与周边环境所组成的生态系统。在法律中的生态环境的概念不仅需要借助于其自然属性，还要考虑其社会属性。

从生态学等自然科学来看，生态环境与当前已经纳入物权法保护的资源要素不同，这些资源要素在物权法中作为单一个体存在，其上附有的生态利益在脱离其所处的环境而言，并无意义，一棵孤零零立于沙漠中的树木与一棵处于整体状态良好的森林中的树木，其生态利益具有明显的不同。生态利益被识别出来以后，其物质载体从来就不是一个单一的事物，这点在环境法中就可以证明。从对人的行为的规制来看，环境法着眼于生态环境整体的改善，从破坏生态环境整体健康的生态环境要素入手，重塑生态环境的平衡，对单个环境要素的保护和利用都是基于生态系统整体的考虑，而非单个构成要素，因此生态环境作为生态利益的载体时，从其表现出来的物理特征和生态特征来看，是一个整体和系统的概念，而不是一个个具体的生态要素，其通过生态自然规律维系结构的稳定，不需要借助社会关系而呈现。

生态环境作为整体而存在，其生态利益在生态学中表现为生态环境的自净能力和产生能力，使用环境容量的概念，从生态学等自然科学的角度来看，生态环境作为整体而存在超越了地域的界限，提出的"环保无疆界，行政有区划"的理念，环境保护是全球人民面临的共同问题和紧迫任务，强调生态环境的全球整体性、全球流动性，无论是生态环境还是环境容量在物理上都不能切割成独立的物。但是当生态环境出现在法律的领域时，生态环境就成了一个可以区分的事物，结合各国的法治状况来看，环境保护只有成为一个国内法的问题时才能落到实处，环境保护的法律措施才能得以实施。而全球的环境法治针对全球共同的环境问题采取措施时，最终也需要借助国内法才能得以落实，否则就成了宣言性、原则性、口号性的理念倡导。所以生态环境在法律中使用时，从排放总量、环境总量等概念在法律中的使用语境来看，生态环境是一个与地理空间保持同步的概念，随地理空间的变化而变化。法律上特定的物是指具有单独的特征，不能被替代的物，通常使用型号、标号等物理特征来显示，对于生态环境来说，生态学上其并不是特定的物，但基于社会发展的需要和法律对利益进行分配的特点，其可以借助于其他的途径，转变为特定的事物，具有特定性。

（二）以时空结合观认识特定性

在法律的进化过程中，法律出现了私力的公权化和公权化的私力的结合，也就是法律的社会化，"夫所谓法律之社会化者，一方固在离个人而能意识社会自身独立之实在及其在现代所具之基础……系在此新社会化的趋势有观取、理解及调整之必要也。"〔1〕"法律之进化系常在于使法律社会化也。"〔2〕私力的公权化和公权化的私力的法律社会化推动了公法和私法的交融。公法与私法并不完全相悖，当然两者各有固定的领域和特殊的精神内核，确有区分之必要，但两者既然同样为法，在规范社会主体行为和利益分配方面具有共同的性质。引起公法关系与私法关系产生、变更及消灭的法律原因并无本质的差别，只有程度的不同，可以归结为两大类：一般的意思行为和特定的意思行为；从权利与义务关系来看，公法主体依权力命令相对人的同时，也需要负担相应的义务，在权利义务对应性方面与私法关系没有任何的差别；从权利与义务的种类来看，公法和私法具有共通之处，公法上也有限制物权〔3〕和担保物权〔4〕等私权利，私法领域也有参与权或者机关构成权〔5〕等公权利。

公法领域中私权的产生，为生态环境的特定化寻找到了一条路径。通过公法制度的使用可以有效地解决生态环境的经济价值计量问题和特定化问题。在新增物权客体空间和自然力的界定问题上，就是通过公法制度的使用，加上技术手段来予以

---

〔1〕　［日］牧野英一：《法律上之进化与进步》，朱广文译，中国政法大学出版社 2003 年版，第 103~104 页。

〔2〕　［日］牧野英一：《法律上之进化与进步》，朱广文译，中国政法大学出版社 2003 年版，第 95 页。

〔3〕　公法上的"限制物权"，是指国家在他人的所有物上所有的一种限制的物权，如土地、沿路区域、森林、水等，都因某种公共目的而被限制自由行驶。参见［日］美浓部达吉：《公法与私法》，黄冯明译，中国政法大学出版社 2003 年版，第 84~85 页。

〔4〕　公法上的"担保物权"，是公法上的优先受偿权，如税收。参见［日］美浓部达吉：《公法与私法》，黄冯明译，中国政法大学出版社 2003 年版，第 85~86 页。

〔5〕　私法领域的"参与权"或者"机关构成权"是指基于某种身份而享有的成员权。参见［日］美浓部达吉：《公法与私法》，黄冯明译，中国政法大学出版社 2003 年版，第 89 页。

确定的，空间通过权利证书加上四维数据，自然力的管理如电、热等也有政府职能的介入，在传统的物权客体土地的特定性界定上，如我国土地使用权就是在行政赋权，加上权利证书所记载的土地的信息来予以界定。因此在法律进化过程中，公法制度可以作为私权产生的原因，为生态物权的生成、生态环境的特定性扫清了障碍。权利证书所记载的信息包括特定时间、特定地域内权利人可以行使的权利内容。传统物权客体物的界定只需单线地通过时间或者空间就可以完成，但生态环境的特定，因生态环境结构与功能的特殊性，不仅需要时间维度或者空间维度的运用，还需要将两者结合起来再加上特定的技术手段来予以确定，因此生态环境的特定性问题与传统物权客体的特定性问题不同，其界定需要借助时空结合观和技术手段方能进行。

从当前环境法对生态环境的态度来看，生态环境保护的主战场——环境法律体系，也通过法定的程序将生态环境分割为若干个部分：环境目标责任制度、环境质量标准、污染排放标准、生态功能区划等，均是以地域为范围对辖区内生态环境特定化的结果。在生态物权的形成过程中，也以行政赋权为前置条件，将行政机关赋予的权利证书作为其书面的权利凭证。其权利所指向的生态环境的特定性通过权利证书上所记载的使用时间来显示作为权利客体的同一性，通过权利证书所记载的地域来显示客体上的范围，即使用时空结合观来认定生态环境的特定性。[1]

---

〔1〕 关于时空结合观，崔建远教授在《准物权研究》一书中进行了全面深入的分析，其认为物权客体的特定性由时间和空间两个部分组成，不仅把特定性等同于同一性。据此准物权的客体得以确认，具有物权客体的特定性。时间结合观的认定方法同样适用于生态环境的特定化认定过程中，适用于公共用公物在物权保护时的需要。

第三节　作为生态物权内容的生态利益

"法学者的立论重点，从高度抽象的概念，转移到具体问题的分析与解决。"[1]然而从权利的核心要素来看，法律上的权利"乃是经过社会权衡、协调、界定而得到公认和一定保障应受分配之利益"[2]，"权利的特质在于给予所有者以利益"[3]，因此利益是权利赖以存在的基础和前提，权利是被认可和接受的利益的保护形式。权利是被保护的利益，一个人拥有某项权利当且仅当他的某个利益是使另一个人负有义务的充分依据，那么法律权利就是受到法律保护的利益。[4]权利虽然不是利益，但作为权利的内容和核心要素，法律权利的解读和边界的框定却要从利益开始。

一、　物权上利益发现与物权类型的演进

现代物权体系是从所有权发展而来的，财产的归属是财产利用的起点和终点。而在所有的物权类型中，所有权是最基本的和最重要的类型，也是其他物权的母权，其他的权利都由所有权而产生。"所有权描述物归属于某主体的事实或主体所有某财产的事实。"[5]在法律语境下，所有权为具有支配性和排他性

---

〔1〕　叶俊荣：《环境政策与法律》，中国政法大学出版社 2003 年版，第 16 页。

〔2〕　漆多俊："论权力"，载《法学研究》2001 年第 1 期。

〔3〕　John Austin, *The province of Jurisprudence Determined*, London: Cambridge university press, 1995, p. 140.

〔4〕　参见刘作翔："'真正的权利'理论——卡尔·威尔曼的权利学说"，载《社会科学研究》2013 年第 6 期。

〔5〕　高富平："从实物本位到价值本位——对物权客体的历史考察和法理分析"，载《华东政法学院学报》2003 年第 5 期。

的绝对权，完整的所有权包括了占有、使用、收益、处分四项权能。因所有权明晰了物之归属，从而排除纷争，成为物权发展的原点。早期的社会经济活动比较简单，在所有权明晰的情况下，其财产利用也呈现单一化发展，所有权限制了物的利用，如果非所有权主体要使用该物则必须通过买卖的方式获取物的所有权，此时物的所有权呈现另一种完整的状态，尽归一体。在古罗马，古老的物权制度就只有所有权，将从他人土地上穿过的道路或输水管道归土地所有者所有或相邻双方共同所有。但"物之滥用是一种浪费，物之闲置不用也是一种浪费"，所有与利用的合一，只是对物的单极利用，也只能适用自给自足的自然经济形态。社会的发展，物质财富的丰富，商品经济的发展与繁荣，理性的人对于自身最大化利益的追求，在财产安全驱动下不断寻找物的多极利用的方式，推动了他物权体系的建立。因不同时期的所有权没有本质的差异，所以物权的发展历史从实质上是他物权的发展史。

他物权强调对物的利用，他物权的丰富与发展与物上其他利益认识有着直接的关系。完全的所有权的多项权能，使用权、收益权、处分权与所有权发生分离是商品经济发展的必然要求[1]，所有权不仅可以通过直接现实的占有来显示，也可以与物分离实现观念的占有来显示。随着法律制度的完善、物的内容的丰富以及物上利益的发现与认识，以物的多样利用和立体利用的物权体系逐渐建立起来。对物的使用利益的使用权首先从所有权中剥离出来，最初只规定了所有权的古罗马，将为自己土地的利益而通行或引水的权利称为地役权，此权利被市民法所规定，作为所有权的一个独立组成部分，与作为完全物权的所有权

---

〔1〕 参见王利明、李时荣："全民所有制企业的国家所有权问题的探讨"，载《中国社会科学》1986 年第 1 期。

本身相对，这为用益物权的提出和形成提供了依据[1]。地役权是对所有权人的物的利用的限制，也是地役权人对他人之物所享有的使用利益，也是最早的他物权。"只是到了更晚些时候，所谓物权的范畴中才增加了用益权和使用权。"[2]在罗马帝国分裂为东西罗马之后，永佃权和地上权两种新型的他物权才正式进入了物权体系。[3]至此罗马法律体系中出现的三种享用物权全部形成：针对特定土地而存在的地役权、为特定人利益而设的人役权（包括用益权、使用权和居住权）和土地分散利用的地上权和永佃权制度，罗马法享用物权的生成过程形象说明了他物权制度形成和演进的过程，现代大陆法享用物权制度基本上是罗马法的享用物权的演绎和发展。[4]

所有权理论的完善和用益物权的丰富与发展并不能满足权利人对经济价值的无限渴望，用益物权中对物的直接占有，因物的有限性和特定性，使物的利用在一定时空维度上总是被限制在一定范围内。利益形成后的相对独立性使物上利益可以脱离物而存在，观念的占有不仅可以用来显示所有权的存在，也可以用来确认其他权利。物在经济发展过程中交换利益被识别和发现，丰富了物的利用方式，切合了权利人追求物的充分利用的价值理念，随着物作为担保和抵押方式的多样化发展，担保物权体系逐步建立起来。与所有权和用益物权都重视对物的

---

〔1〕 参见［德］弗里德里希·卡尔·冯·萨维尼：《论占有》，朱虎、刘智慧译，法律出版社 2007 年版，第 82~83 页。

〔2〕 ［意］朱塞佩·格罗索：《罗马法史》，黄风译，中国政法大学出版社 1994 年版，第 114 页。

〔3〕 参见［意］彼德罗·彭梵得：《罗马法教科书》，黄风译，中国政法大学出版社 1992 年版，第 264 页。

〔4〕 《法国民法典》只规定地役权和人役权（用益权、使用权和居住权），《德国民法典》除了这两类物权外，还增加了地上权、取得权、附属物权等。实际上，在现代物权法中，他物权种类远远超出法典化时期的种类。

占有、使用或观念的占有不同，担保物权强调物的担保价值和其作为财产的交换利益。之后基于担保物权在债权实现、金融安全、资金融通等方面的作用，担保物权适用的范围越来越广，作为担保物权的客体，也由不动产、动产发展到权利的范畴，开拓了物权发展的新空间。

从所有权到用益物权再到担保物权，物权的形成与物上的利益被发现有正相关的关系，这种针对物的多极利用或多重利用，实质上是对同一物价值的分割，导致物权价值化的倾向。[1]利益作为权利的基础和内容，是权利制度设计首先需要锁定的目标[2]，利益确认或赋予对于理性的经济人来说，也是推动其行为的根本原因。

二、 生态利益是一种新型的正当的利益

(一) 生态利益内涵的界定

"并不是法律秩序创造了有助于实现其目的的概念，而恰是概念创造了法律秩序并产生了法律规则。"[3]"法学概念意味着现实社会的秩序、权利和责任。"[4]"法律概念从来不曾是日常用语意义上的纯粹'观念性概念'。法律概念也承担法的调控任务。"[5]"在不同的阶段人类对环境的需求不同，因此在不同的

---

〔1〕 参见高富平："从实物本位到价值本位——对物权客体的历史考察和法理分析"，载《华东政法学院学报》2003 年第 5 期。

〔2〕 参见李晓春："论权利的要素与本质"，载《广西政法管理干部学院学报》2006 年第 6 期。

〔3〕 [美] E. 博登海默：《法理学——法哲学及其方法》，邓正来、姬敬武译，华夏出版社 1987 年版，第 469 页。

〔4〕 叶必丰："行政决策的法律表达"，载《法商研究》2016 年第 2 期。

〔5〕 [德] 魏德士：《法理学》，丁晓春、吴越译，法律出版社 2005 年版，第 90~92 页。

阶段纳入法律视野中予以保护的环境利益也不同。"[1]生态利益的内涵诠释和界定意味着法律伸张的边界。

"没有一个法律概念在教条上是完全不变的，可以公式化地应用于所有之法律事务，法律概念的形成与演变是价值的承认、共识的过程及结果。一个法律社会所肯定的价值随着时空而转移，特定法律概念的意义在形成上及演变上常常受'规范目的'的支配，即使与其它学科或日常用语使用相同的字眼，其所指称者常常也并不同一。"[2]利益的学科研究重要性和应用广泛性，使出现在不同学科中的利益有着自己各自的价值取向和相异的理论内涵。佛教用语中利益是随顺佛法而获得之恩惠及幸福[3]；哲学中的利益是分析者在描述实践和事实的过程中的简约框架[4]；语义学中的利益是"具体个人在特定环境下作用于对象并形成的结果"[5]；法学中的利益是"有用性或好处"[6]，"要求、愿望或期待"[7]，"收益"[8]。这也导致在生态利益界定的过

---

[1] 韩卫平、屈抒："环境法保护对象研究"，载《重庆大学学报（社会科学版）》2014年第1期。

[2] 黄茂荣：《法学方法与现代民法》，中国政法大学出版社2001年版，第83~89页。

[3] 参见《金光明最胜王经》卷二、《四分律》卷三十八、《法华经玄义》卷六下、《法华文句记》卷六、《释净土群疑论》卷五。

[4] 参见高鹏程："利益概念的语言形式分析"，载《学术交流》2007年第1期。

[5] 高鹏程："利益概念的语言形式分析"，载《学术交流》2007年第1期。

[6] 黄锡生："环境带给人们的有用性或好处，我们就将其称为环境利益。"韩卫平、黄锡生："论'环境'的法律内涵为环境利益"，载《重庆理工大学学报（社会科学版）》2012年第12期。

[7] 罗斯科·庞德："利益是人们，个别地或通过集团、联合或关系，企求满足的一种要求、愿望或期待。"[美]罗斯科·庞德：《通过法律的社会控制 法律的任务》，沈宗灵、董世忠译，商务印书馆1984年版，第36页。

[8] 刘会齐："环境利益论——从政治经济学视角分析"，复旦大学2009年博士学位论文。

程中出现了多种学说：①生态利益是生态所享有的利益，是生物的持续生存以及其与环境和谐共处的利益[1]；②生态利益是人所享有的自然生态成果，是以一定的人为主体的生态系统中满足人们生态需要的一定数量的自然生态成果[2]；③生态利益是生物生存和发展的物质条件，是生物的生存或繁茂必须满足的那些物质和生态条件[3]；④生态利益是指生态系统提供给所有人的客观利益[4]；⑤生态利益是指生态环境作为人类生存系统对人类持续发展和永续繁衍的价值[5]。以利益为核心的法律在进行利益选择时，利益内涵的多样性和差异性带来了法律适用上的混沌、模糊和抵牾，而法律体系对于内在结构的和谐和外在表征统一的追求，使法律利益应由模糊走向清晰。界定生态利益的概念时既要关注学科间的不可通约性，也要关注学科间的通约性，从利益的内在构成要素上来形成共同的衡量框架和规则。

围绕利益的构成要素有"三要件""五要件"学说，张成兴认为利益的三个要素至关重要：①主体的需要；②能实现和满足主体需要的对象和条件；③所处社会的认可。[6]王伟光认为利益范畴的构成要素有五个：需要、社会关系、社会事件、

[1] 参见王莉："反思与重构：生态利益损害的侵权法救济机制"，载《重庆大学学报》2009年第6期。
[2] 参见严奉宪：《中西部地区农业可持续发展的经济学分析》，中国农业出版社2005年版，第123页；刘秀玲：《边境经贸与民族地区生态环境发展论》，民族出版社2006年版，第15页。
[3] 参见叶平：《环境的哲学与伦理》，中国社会科学出版社2006年版，第124页。
[4] 参见梅宏："'生态损害'的法学界定"，载徐祥民主编：《中国环境资源法学评论（2007年卷）》，人民出版社2008年版，第125~145页。
[5] 参见廖华：《从环境法整体思维看环境利益的刑法保护》，中国社会科学出版社2010年版，第138页。
[6] 参见张成兴："试论利益概念"，载《青海社会科学》2000年第4期。

人的需求对象和人的欲求。[1]对这两种学说进行审视可以发现，对于主体的需要和客体对主体需要的满足是构成利益的关键要素，鉴于利益内容的客观性，其他的社会条件则是利益发现、分配与保护的要件。是以生态利益的界定，也需要从主体需要和客体满足两个方面进行阐释。"一定的需要形成一定的利益，需要是利益的基础。"[2]人类赖以生存的最低环境品质的需要[3]，是推动生态利益发现的原动力，党的十九大报告也指出"我们要建设的现代化是人与自然和谐共生的现代化……也要提供更多优质生态产品以满足人民日益增长的优美生态环境需要"，是以生态利益不是生物的利益，不是建立在生物的需要的基础上，而是以人的需要为基础。利益是利益客体对主体需要的一种满足，具有抽象性和内在性，是以生态利益也不是自然生态成果，是生态系统对人的有用性在社会关系中的展现，其利益内容包括物质利益和非物质利益，包括了社会主体的安全、审美、文化传承等多方面的需要。总而言之，结合生态利益构成要素分析，生态利益是生态环境对人们需要的满足和人们对生态环境所享有的非物质性的价值收益。

（二）生态利益的法治基础

1. 生态利益纳入法律调整的原因

利益谱系的产生、发展受社会现实的制约，受到利益的驱动，法律的内容和本质，是对利益的配置和固化，法律的任务在于平衡利益。在这种意义上，法律是以利益调整和安排为核

---

〔1〕 参见王伟光："论利益范畴"，载《北京社会科学》1997年第1期。

〔2〕 王伟光："论利益范畴"，载《北京社会科学》1997年第1期。

〔3〕 大须贺明："健全而舒适的生活环境是生存权重要的基础性内容"，参见[日]大须贺明：《生存权论》，林浩译，法律出版社2001年版，第195页；陈慈阳："国家的积极保护义务是确保人民赖以生存的最低环境品质"，参见陈慈阳：《环境法总论》，中国政法大学出版社2003年版，第195页。

心，围绕利益而进行的制度安排。由利益的多元、多样、多层次性构成的不同时空内的利益谱系，随社会的历史变迁不断丰富和发展，也因地域、人文习俗、观念等具有明显的差异。"我们不要把法学家使用的作为权利要求的利益和经济学家所使用的作为有利的利益加以混淆。"〔1〕"法理利益是利益的一种形式，是从利益体系中剥离出来的、以法定形式存在的利益，也即通常所说的合法利益或权益。"〔2〕法律本身并不创造利益，当一类社会利益具有调整的必要性时，"它就把它们加以分类并或多或少地加以承认"〔3〕。利益的多样性和法律资源的有限性决定了并非所有的社会利益都应当纳入法律的调整范畴，法律上利益是作为法律权利的诉求，通过调整人与人之间的社会关系予以体现。从社会利益到法律利益的过程是法律对多样的社会利益选择的过程。法律是人类共同生活的必然产物，〔4〕"规则的制定标志着政策由个人意愿转向公众期望。"〔5〕法律的权威性决定了在利益谱系中处于基础地位，与社会生活具有重大关联的利益才能为法律所调整，作为法律利益而存在。一般而言，与生存权、发展权等基本人权相关的生命利益、财产利益、安全利益等，才需要采取法律的形式进行规范。而对于利益谱系中为数众多的其他利益种类来讲，如社会行为中的道德利益，可以通过其他手段如道德、宗教、社会惯例等进行调整和规制。

〔1〕〔美〕罗斯科·庞德：《通过法律的社会控制 法律的任务》，沈宗灵、董世忠译，商务印书馆1984年版，第37页。

〔2〕周旺生："论法律利益"，载《法律科学》2004年第2期。

〔3〕〔美〕罗斯科·庞德：《通过法律的社会控制 法律的任务》，沈宗灵、董世忠译，商务印书馆1984年版，第34页。

〔4〕参见〔德〕N.霍恩：《法律科学与法哲学导论》，罗莉译，法律出版社2005年版，第3页。

〔5〕〔美〕科尼利厄斯·M.克温：《规则制定——政府部门如何制定法规与政策（第三版）》，刘璟等译，复旦大学出版社2007年版，第2页。

在不同的历史阶段，人类对环境的需求不同，生态利益的发现是进入现代社会后环境危机和生态破坏日益严重的结果，也是现代社会环境意识和权利意识觉醒的必然结果。自然界提供了人类基本的物质生活需要，也提供了人类赖以生存的生态环境。作为生态环境对人的有用性的社会体现，生态利益与生态环境内部结构的健康相关，这就决定了生态环境有其自身的承受极限，一味的索取和无节制的利用将会导致生态系统的崩溃，从而危及人类自身的生存。在最早以国家宪法形式确定生存权的《魏玛宪法》，从社会权和基本权方面对生存权的内容进行了规定。在生存权的社会权侧面，生存权中"最低限度生活"的规定，只有在人的生存得以保障之后才能实现，而这种生存是由衣食住等物质直接支撑的，其前提必然是要有良好的环境，为此持续良好的生态利益的供给是人类生存、生活和延续下去不可或缺的条件，也是支撑"最低限度"的基本要素。[1]"发展权既是一项独立的人权，也是实现其他人权的前提。"[2]生态利益利用的有限性与需求的广泛性、普遍性的冲突，使生态利益呈现出了明显的稀缺性特征。在生存发展的物质所需与生存发展的生态所需的衡平中，以可持续发展和绿色发展等为路径选择，人们不断约束自身的行为，对生态利益的保护，不仅在于保障人体健康的生存权所需，还在于谋求更加健康的发展权内容和实现人的全面发展。因此，生态利益是关涉生存权和发展权的新型正当的基础利益，应当纳入法律的调整范畴。

---

〔1〕 参见［日］大须贺明：《生存权论》，林浩译，法律出版社 2001 年版，第3~4 页、第 192~193 页。

〔2〕 杨泽伟：《新国际经济秩序研究——政治与法律分析》，武汉大学出版社1998 年版，第 88 页。

2. 生态利益法律内化的权利路径选择

"权利和义务是法学的核心范畴"〔1〕，是利益的法学核心表达和展开，"法律秩序所保护的是利益而不是法律权利，法律是一种获得利益的手段或者是社会关系的保护"〔2〕，因此法律上的权利是围绕利益关系而进行的安排，随着利益的变化具有动态的过程、渐进的过程、进化的过程〔3〕。生态利益的法律保护，是通过制度框架和行为规则降低不确定性和社会系统的复杂性〔4〕，在保护的过程中外化为法律权利。就当前的法律内化途径来看，利益转化为权利主要取决于法律所建构的本位。权利本位以权利构建为路径；义务本位则以义务确认为主。本位是指起点和源头，法的本位是法律建构的起点和出发点。法律通过利益的激励、诱导、抑制、剥夺来规范人们的行为活动，增益与负益相对应，在法律构建过程中选择何者为法律建构的基点体现了不同的社会治理理念。权利本位主张："权利构成法律体系的核心，法律体系的许多因素是由权利派生出来的，由它决定，受它制约。权利在法律体系中起关键作用。在对法律体系进行广泛解释时，权利处于起始的位置，权利是法律体系的主要的和中心的环节，是规范的基础和基因。"〔5〕"法的真谛

---

〔1〕 张文显主编：《法理学（第四版）》，高等教育出版社、北京大学出版社 2011 年版，第 89 页。

〔2〕 ［美］罗斯科·庞德：《通过法律的社会控制 法律的任务》，沈宗灵、董世忠译，商务印书馆 1984 年版，第 31 页。

〔3〕 参见李启家："论环境法功能的拓发展——兼议中国第二代环境法的发展前景"，载《上海法治报》2009 年 3 月 11 日。

〔4〕 参见江必新、王红霞："社会治理的法治依赖及法治的回应"，载《法制与社会发展》2014 年第 4 期。

〔5〕 马图佐夫："发展中的社会主义法律体系"，载《苏维埃国家与法》1983 年第 1 期。

在于对权利的认可和保护。"[1]"现代的法律以权利为出发点，构建法律主体的权利，从宪法、民法到其他法律，权利规定都处于主导地位，并领先于义务，即使是刑法，其逻辑前提也是公民、社会或国家的权利。"[2]义务本位则将法律的重心置于不同法律主体的义务设计上，强调义务的遵守和履行。20世纪在我国法学理论界就两者何为法律的本位进行了深入辨析[3]，最终达成共识，认为从义务本位走向权利本位是法律的发展规律[4]。

在生态利益权利化的过程中，形成了义务先定说，该理论认为："权利路径面对人类环境危机无能为力，通过赋予主体环境权的方式不可能实现可持续发展"[5]，"环境权利手段无法应对环境危机，普遍负担环境义务才是实现环境保护的法律手段"[6]或是弱化环境权利的作用，提出环境法目的的实现应当"以环境义务为主，环境权利仅是辅助、补充手段"[7]。批判义务本位论与法的技术问题相关，而忽视法律本位的本质是一种价值判

---

〔1〕　孙国华："法的真谛在于对权利的认可和保护"，载《时代论评》1988年创刊号。

〔2〕　张光博、张文显："以权利和义务为基本范畴重构法学理论"，载《求是》1989年第10期。

〔3〕　参见郑成良："权利本位说"，载《政治与法律》1989年第4期；张文显："从义务本位到权利本位是法的发展规律"，载《社会科学战线》1990年第3期；张文显："'权利本位'之语义和意义分析——兼论社会主义法是新型的权利本位法"，载《中国法学》1990年第4期；张恒山："论法以义务为重心——兼评'权利本位说'"，载《中国法学》1990年第5期；封日贤："'权利本位说'质疑——兼评'社会主义法是新型的权利本位法'"，载《中国法学》1990年第6期。

〔4〕　参见张文显："从义务本位到权利本位是法的发展规律"，载《社会科学战线》1990年第3期。

〔5〕　朱雯："论环境利益"，中国海洋大学2014年博士学位论文。

〔6〕　叶媛博："污染者负担原则对环境公共利益的保护"，载《中山大学法律评论》2014年第1期。

〔7〕　孟庆垒：《环境责任论——兼谈环境法的核心问题》，法律出版社2014年版，第264页。

断问题，即仅在实在法层面探讨义务规范的价值，属于对本位的浅层认识。"在法律规定中主要是权力性法律规范多或义务性规范多或权力的规定多则是法律价值目标和法律价值取向的表现形式和实现方法与手段的问题。"[1]法律以何为本位"归根结底是由时代的法律精神和法律的价值取向决定的"[2]。同时认为义务本位设定普遍义务的前提下，由政府来执行法律，强制公民来履行义务，而"政府失灵"已是各领域尤其是环境保护领域突出的问题。无论法律的人设是"理性经济人"还是"生态理性经济人"，都以合理追求自己利益为基本出发点，对于强制性的义务有一种天然的规避性，而且义务本位到权利本位顺应了法律发展的历程，此时强调义务本位的适用，有悖于法律发展的大局。

三、 生态物权是生态利益法律表达的物权形态

（一） 生态利益可以用经济价值来衡量

物权法作为财产法的基础，经济价值的观念在物权体系中至关重要，从所有权到用益物权再到担保物权，整个物权体系从物的选择、权利的确定、权利的行使再到权利的保护都是围绕物的经济价值实现展开，权利的实现需要通过货币的形式展现出来。在这样的主客二分的法律逻辑体系中，某种存在能否进入法律的调整范畴与作为法律主体的人的价值评价有关，适用"经济价值"功利主义的判断标准，经济上的量化是生态利益能够纳入物权保护的前提。

---

〔1〕 张一粟："环境法的权利本位论"，载《东南学术》2007年第3期。
〔2〕 张一粟："环境法的权利本位论"，载《东南学术》2007年第3期。

D. B. 戴蒙和 G. S. 托利认为，舒适性是地域固有的财产，[1]是生态利益带给人们的感受，具有地域间不均等现象。生态利益原本是具有非排他性和集团消费性的公共财产。[2]虽然生态利益是自然资源依自然规律生成的，但是其维持和增进也需要人类有组织的生产性活动，只不过相对于其他价值形式而言，是"失去之后才被发现的价值"[3]。由于没有明确的所有权主体以及相关的财产权制度，每个人都可以进行利用，在使用份额和维护该资产方面，每个人都有特权，但没有人享有权利，作为一种具有稀缺性和能够为使用主体带来经济价值的利益形态，生态利益作为"自由获取的资源"，没有得到应有的关注，致使生态物品总是被滥用，甚至到了毁灭的边缘。生态环境问题的频发使"自然资源存在生态价值的事实已经不再被人们否认了"[4]，因此哈丁的"公地悲剧理论"和1960年科斯在《社会成本》中提出的避免"自由获取悲剧"的"科斯定理"，才在历史上引起了广泛的共鸣。"公地悲剧理论"和"科斯定理"的提出，使人们经常认为污染以及其他环境问题的首要原因是在环境物品上缺乏财产权制度安排。[5]但正如经济学家所熟知的那样，"并不能在所有的生态物品上建立完全、明确的财产权，因为界定

---

〔1〕　See D. B. Diamond. Jr. , G. S. Tolley, *The Economic of Urban Amenities*, New York：Academic Press, 1982, p. 226.

〔2〕　参见［日］宫本宪一：《环境经济学》，朴玉译，生活·读书·新知三联书店 2004 年版，第 139 页。

〔3〕　徐祥民、朱霖："环境利益的本质特征"，载《法学论坛》2014 年第 6 期。

〔4〕　邓海峰："环境容量的准物权化及其权利构成"，载《中国法学》2005 年第 4 期。

〔5〕　参见［美］丹尼尔·H. 科尔：《污染与财产权：环境保护的所有权制度比较研究》，严厚福、王社坤译，北京大学出版社 2009 年版，第 2 页。

它们必须付出高昂的成本，有时高得令人难以承受"[1]，这使生态利益的保护与救济遭遇了难以逾越的障碍。随着科技的发展和环境监测技术的提高，生态利益的经济化评估具有了现实的操作性。排污权交易、碳汇交易、生态补偿等市场方式在环境保护领域中加以适用，我国环境保护部2011年刊发的《环境污染损害数额计算推荐方法（第I版）》和2014年刊发的《环境损害鉴定评估推荐方法（第II版）》中规定对生态利益的价值评估主要通过替代等值分析方法和环境价值评估方法进行[2]。生态利益可以进行"经济化"的改造，进行核算和评估，镶嵌于价格机制当中，从而使生态利益得到法律的肯定，成为法律权利的重要内容。

从生态利益到生态价值意味着用金钱的形式来衡量生态环境的生态效用。就当前的实践现状进行探讨，日本林业厅把1972年全日本森林所提供的生态功能价值以等效物的方式进行估算，价值高达12.82万亿日元，日本学者以替代性方法进行了计算，结合自然资源消失所造成的直接和间接经济损失以及补偿损失所要付出的代价和不开发自然资源所带来的经济损失。我国学者徐嵩龄等在1997年通过计算指出：1985年我国由于森林破坏而造成的年度经济损失约为298亿元，未来恢复费用约为90亿元；[3]1993年则分别为584亿元和179亿元。我国学者杨洪国等人于1998年通过对森林面积约为3427.9平方公里的四

〔1〕 Yoram Barzel, *Economic Analysis of Property Rights*, Cambridge: Cambridge University Press, 1989, p. 64.

〔2〕 替代等值分析方法包括资源等值分析方法、服务等值分析方法和价值等值分析方法；环境价值评估方法包括直接市场价值法、揭示偏好法、效益转移法和陈述偏好法。详见环保部2014年10月24日印发的《环境损害鉴定评估推荐方法（第II版）》。

〔3〕 参见徐嵩龄："中国生态资源破坏的经济损失：1985年与1993年"，载《生态经济》1997年第4期。

川某林场的研究认为：森林涵养水源价值的现值为 8638 万元，保护土壤肥力的现值为 8687 万元，固定二氧化碳的现值为 19 715万元，三者相加为 36 770 万元，平均每公顷生态服务的现值约为 11 万元；[1]我国长江流域的森林资源直接利用价值为 0. 197 万亿元每公顷，而生态服务功能价值高达2. 1 万亿元。[2] 2014 年江苏省泰州市中级人民法院也依据环境保护部印发的《关于开展环境污染损害鉴定评估工作的若干意见》对江苏常隆公司等六家被告污染水域进行了经济核算，判决该案六被告共承担环境修复费用 1.6 亿余元。综上，对生态利益进行经济核算并以货币的形式予以体现，在理论上和现实中都具有可行性。

（二） 生态利益的法律权利表达

"在某种意义上，所有哲学的中心问题应追溯到人是什么这个问题。"[3]在人类社会发展的过程中出现了"道德人"、"经济人"、"政治人"、"生态人"和"法律人"等几种存在形态，不同的生活场域塑造着不同样态的人，而不同样态的人又归属于不同的生活场域。私法体系中以理性经济人为基本的人设，在生态利益可以转化为经济价值的情况下，这种经济价值在多大程度上为生态利益物质载体的权利人所获取，就关系到该权利人从事生态利益维持并增进的积极性，通过生态物权的设计可以使权利人在生态价值和经济价值之间进行自动选择，达到两种权利的和谐并存。以往生态利益一味强调公共利益的特征，将公权利作为首要选择，以环境权的形式出现，美国学者萨克斯教授第一次提出了"环境权"的概念，其后为国际社会科学评议

---

[1] 参见杨洪国、杨瞿军："森林环境资源资产评估"，载《四川林勘设计》1998 年第 3 期。

[2] 参见王庆礼等："略论自然资源的价值"，载《中国人口·资源与环境》2001 年第 2 期。

[3] [德] 蓝德曼:《哲学人类学》，彭富春译，工人出版社 1988 年版，第 55 页。

会所接受，明确提出了环境权，引起了国际上的广泛关注和认可。作为第三代人权的环境权也成为环境法法律体系的基石，掀起环境权研究的浪潮。然而半个世纪过去了，环境权的内涵和外延仍未达成基本的共识，环境权的研究似乎走进一个死胡同，迅速降温。

但生态利益内容的多样性决定了环境权利并不是一项单一的权利，而是一个权利的集合，由很多种具体的权利组成。生态利益的财产属性、经济测算的可行性及其载体的物性，使生态利益能够通过物权表达为生态物权。生态物权是生态利益在物权法中的法律表达形式，其与其他物权类型可以同时并存。但与其他物权形式从物的经济价值出发来兼顾生态利益不同，生态物权是以生态利益的利用和使用为主，兼顾经济利益。生态物权权利人在行使权利时，也遵循理性经济人的基本人设，当生态利益转为经济价值，并可以为权利人带来经济收益时，理性经济人处于自身利益的考虑，会自觉维系和增进生态利益的供给。而当前的公权设计，使私主体无法从维系和增进生态利益的活动中获取经济收益，当前的生态补偿制度也好，排污权交易制度也好，都只能使部分主体获益，对于整体生态利益的维系和增进而言，并没有调动各方社会主体的积极性，尤其是付出了劳动和经济成本的私主体，其经济收益只能通过使用、消耗物的使用利益和交换利益来获得，并没有获取相应的生态利益方面的收益，即使是生态方面的审美、舒适利益，也为全体社会公众所占有，在这种情况，权利人基于自身的理性考虑和经济考虑，也会选择性忽视物上所存在的生态利益，而极限利用甚至是滥用物的使用利益和交换利益，进而损害物的本体，最终造成了生态利益的损耗。而生态物权的设计以生态利益的维系和增进为出发点，生态物权的权利主体通过法定或其他方式获得生态物权，其可以自己使用，也可以转让给他人使用，从而在使用的过程中，使自己得到经济方面的收益。生态物权的权利人可以单独转让也可以将其享有的其他物权一并转让，从而实现生态利益的价值转化。如当前比利时弗拉芒地区对于可以转让的土壤证书的内容的规定[1]，我国台湾地区土地转让的规定[2]。

第四节　生态物权的类型化

生态物权的提出与被研究事物的多维度、多样性、多因性、多基源、多中心或者多元决定论有关，引起在认识方法上的多视角、多原理、多观点[3]。分化、进化、多样、多维带来了研究事物的有序性和无序性的统一，呈现了复杂性的外在特征。江山在《历史文化中的法学》的封面上写道："任何分类只代表人类的智力局限以及由此获得解脱和理解的方便而已。"对生态物权的类型化研究使这一整体的概念从抽象走向具体、从模糊走向清晰、从宏观走向微观，使其不仅具有理论上的可行性，也具有社会实践上的可操作性。

---

〔1〕 土地转让必须提供土壤证书，土壤证书包括了土壤所有者和使用者的身份信息、登记记录、历史调查记录或土壤修复计划、土壤污染来源、污染严重程度、是否存在清理义务等信息。参见胡静："关于我国《土壤环境保护法》的立法构想"，载《上海大学学报（哲学社会科学版）》2012年第6期。

〔2〕 我国台湾地区"土壤及地下水污染整治法"也规定：主管机构指定公告之事业所使用之土地移转时，让与人应提供土壤污染检测数据；土壤让与人未依规定提供相关数据者，于该土地公告为控制场址或整治场址时，其责任与场址土地所有人责任相同。见我国台湾地区的"土壤及地下水污染整治法"第8条，第9条。

〔3〕 参见［法］莫兰：《复杂性思想导论》，陈一壮译，华东师范大学出版社2008年版，第3页。

一、 以生态物权客体进行划分

在环境的形成过程中，有两个核心的要素：中心和外部条件。一般而言，环境总是由围绕中心的外部条件的综合，中心不同，环境的内容和外延也不相同。我国《宪法》将环境分为生活环境和生态环境，在《民法总则》第9条绿色原则中使用了生态环境的概念，相对于生活环境以人为中心，生态环境强调的是自然的因素[1]。生态环境作为一个整体的概念，是一个复杂庞大、多层次和多单元的系统，在多个层次划分的过程中，生态环境也可以由若干个中观和微观的生态环境按照一定的次序组合而形成。在生态物权的形成过程中，根据权利内容指向的客体的中心不同而形成不同客体的生态物权。以不同的主体要素为中心就会形成不同的微观生态环境，如水生态环境、大气生态环境、森林生态环境、土壤生态环境等，基于微观的生态环境也可形成不同的生态物权，拥有使用相应客体上的生态利益，并获取收益的权利。生态物权的母权是生态环境的国家所有权。从当前的生态环境的所有权归属来看，生态环境从来就不能归属于个人，从《只有一个地球》等一系列的生态伦理经典著作来看，生态环境属于全民所有，结合现在的公民信托理论和公众委托理论来看，对生态环境事物的管理权由公民让渡给国家来行使。从全球法律规范来看，绝大多数国家都将绝大多数的生态环境要素确定为国家所有，私人所有权禁止入内，[2]国际环境法上所确认的国家环境主权原则，国家对于其一国范围内的

---

〔1〕 参见张震："民法典中环境权的规范构造——以宪法、民法以及环境法的协同为视角"，载《暨南学报》2018年第3期。

〔2〕 参见［美］丹尼尔·H. 科尔：《污染与财产权》，严厚福、王社坤译，北京大学出版社2009年版，第2页。

环境资源具有自主权，在我国《物权法》第 45 条也明确说明了国家所有即全民所有的法律理念。

将整体生态环境进行微观地划分，使作为一个整体的相对抽象概念的生态物权具有具体的内容，使生态物权的概念可以落地。通过微观生态系统的划分，其法律价值主要表现为：①生态环境作为一个系统，即使是一个微观的系统，也有一定的系统张力，可以涵摄一定程度的结构性损坏，而维持系统的稳定。生态物权的意义在于对生态环境的生态利益的使用和收益，生态环境的主体要素不同，损害和救济的方法也不相同，这为建立生态物权的救济制度建立奠定了基础。②基于不同微观生态环境的生态物权，其主体要素不同也决定了其经济价值实现时应当遵循的规则不同，因此这种分类影响了二级转让机制的法律理念和法律规则的形成。③不同的微观生态环境决定了不同的生态物权行使方式。生态物权的经济实现需要通过污染排放、生态旅游等方式，微观的生态环境的不同决定了利用方式的不同和维系生态利益方式的差别。

二、 以生态物权的用途进行划分

用途是建立生态物权时的重要考量，也是生态物权的财产利益实现时应当考虑的问题，在数个生态物权发生冲突时也可根据其设立的目的而进行衡量。用途不同，生态物权的取得也不同。生态物权是基于发展所需的生态利益而建立起来，因此在排除了生存利益之后，生态物权以生态利益对于发展的用途为依据进行划分：休闲生活用生态物权、生态用生态物权、农业用生态物权、工业用生态物权等。原田尚岩在《环境法》中写道：我们无法像仙人那样餐风饮露的生活下去，因此人类就需要与生态环境之间不断进行物质循环和能量交换，与生态环境发生关系。[1]生态利益因此也可以分为生存所需的生态利益和发展所需的生态利益。基于生存所需的生态利益从根本上来看因与生存有关的利益是人能够有尊严的生活的基础，所以针对这部分利益种类主要由法律进行强行性的规定，主要由公法进行规定，因此作为生态物权内容的生态利益是基于发展所需的生态利益，而基于生存所需的生态利益，表现为公法上的权利，其不用于交易也不适用私法的调整，根据法律规定而产生，保护公民生活的最低环境品质是国家的环境保护义务，主要由国家按照生态红线制度进行动态的保护。所以在生态物权中主要是基于发展所需并可以转化为经济价值的生态利益而建立起来的。

生态物权从其权利的用途划分，其法律价值在于解决生态物权间的冲突问题。在同一中观或微观生态环境上常态性地存在数个生态物权，生态环境在一定时间内的结构稳定不仅需要考虑生态要素之间的比例，还要考虑热量、风等不可抗力因素，其组成因素的量变累积最终破坏生态环境的稳定，因此一定时间内，生态环境的稳定供给不仅是人为的社会因素，也有自然因素的作用，在这种情况下，生态物权间的冲突和扞格就势成必然，从生态物权的用途来做权利的划分，其可以为冲突解决奠定先后序位。

三、 以生态物权行使的外部性来划分

外部性是经济学科的概念，是马歇尔在分析经济运作过程中个别厂商与行业经济运作时首创的概念[2]，其后马歇尔的门

---

[1] 参见［日］原田尚岩：《环境法》，于敏译，法律出版社1999年版，第1页。

[2] 参见［英］马歇尔：《经济学原理》，宇琦译，湖南文艺出版社2012年版，第86~90页。

生庇古提出了私人边际成本、社会边际成本、边际私人纯产值和边际社会纯产值等概念，并以此作为理论分析工具，基本形成了静态技术外部性的基本理论。[1]外部性又分为正外部性与负外部性，所谓正外部性，在马歇尔的论述中被称为外部经济，是指行为人的行为使其他的社会主体因此而受益的经济现象；所谓负外部性，庇古称为外部不经济性，是指行为人的行为活动使其他社会主体的利益受损的经济现象。其后外部性的适用突破了经济学领域的范畴，被其他的学科吸收和借鉴，并作为理论依据用来阐释其他学科概念。在法律的经济分析过程中，也引入外部性理论，用以解释税收、补偿等一些法律制度。生态物权也存在外部性问题，作为一种权利，生态物权的财产利益需要通过生态物权的行使才能实现。生态物权的财产实现主要有几种途径：一种是以生态利益的损耗为使用方式，如以污染排放的方式使用生态利益，从而减少生态利益的供给，给其他社会主体带来不利的行为溢出效应；一种是以维系和增加生态利益的供给为使用方式，美国的环境保护性役权制度、我国的生态补偿制度也有此功能[2]，还有当前力推的生态旅游等，权利人可以就良性的舒适的生态利益的供给，以向享受了该好处的社会主体收取一定形式的货币来实现财产收益。

此种类型划分的法律价值在于清晰生态物权设计的目的，生态物权不仅包括了排污权等权利设计的目的，还是诸如生态补偿制度、生态旅游制度、碳汇交易制度等环境法经济刺激制

[1]　参见张宏军："西方外部性理论研究述评"，载《经济问题》2007 年第 2 期。

[2]　生态补偿制度作为环境法制度，是一种建立在正外部性理论基础上的补偿制度，虽然也有学者从市场化运作方面考虑时生态补偿能够落实给实际承担环境保护成本，维系和增进了生态利益供给的社会主体，但在当前的环境保护法律法规中，生态补偿仍以财产转移支付为主。

度的权利基础。排污权主要是消耗和使用生态利益，某种意义上排污权能否称之为权利，还值得推敲，因为这样的权利建立在破坏他人所享有的良好和舒适的环境的基础上，在一般意义上权利的行使不能对权利人之外的其他人的利益和国家与集体的利益造成损害，因此排污权的称谓也颇有争议。生态物权的设计则囊括了排污权制度设计的初衷，而且生态物权的行使是建立在对其所获取的特定时空生态环境的生态利益的使用之上，从利益使用、利益实现的方式来看，可以避免类似排污权因权利名称而引发的争议。其次当生态补偿制度主要是行政补偿制度，通过财产转移支付来实现，但是仅仅以经济的外部性理论在环境保护的适用作为制度的根基，从法理上进行阐述是不够的，而借助于生态物权理论，补偿所支付的货币就是用来支付生态物权转让的对价，这样所谓的生态补偿制度就有权利的基础，而生态补偿制度不仅可以通过行政干预手段来进行，也可以通过市场化的运作来进行。生态物权的确立也可以使具体从事了生态环境保护工作，维系和增进了生态利益的各类社会主体得到经济实惠，这对于生态全民共治局面的形成，充分调动各方参与环境保护的积极性而言是一种有效的途径。通过生态物权行使的外部性分析也可以丰富和发展生态物权的行使方式，在消耗性生态物权行使方式之外积极探索其他的多样化的利用方式。

第三章
生态物权的性质、特征与功能

    基于生态环境所承载的生态利益建构而来的生态物权，与传统的物权类型相比有着显著的区别，生态物权不是私人之间的一种权利安排，而是抽象的所有权人与具体的使用权人之间的权利安排，[1]这也使得生态物权呈现出与传统物权不同的法律性质和功能，这也是其能够独立存在并作为一种新型物权的正当性基础。

第一节　生态物权的法律性质

一、生态物权是准物权的发展与创新

（一）准物权是现代物权体系的明珠

    准物权在权利性质、权利取得、权利客体等方面具有明显的个性，但总体来说准物权仍是物权的一种类型。使用"准"字不是为彰显特性，而是为了使新的概念与原来的概念比较时有着一种强有力的表面类比。[2]准物权得到了民法学者的普遍的认可，并被纳入了物权法的体系，成为一种新的物权类型。

    1. 准物权生成的时代背景

    私法上的法律关系，主要是基于私法规范而产生，一般都

---

〔1〕　参见全国人大常委会法制工作委员会民法室编：《物权法立法背景与观点全集》，法律出版社 2007 年版，第 591 页。

〔2〕　参见［英］梅因：《古代法》，沈景一译，商务印书馆 1959 年版，第 194 页。

是由平等主体相互的法律行为而产生，但是这种"私法上的自治"，并不是绝对的原则，在法律的进化过程中，公法和私法的界限开始模糊，私法关系也可因公法行为而形成，这种私法关系主要基于私法秩序本身的目的（由司法行为而产生）和行政上的目的（由行政行为而产生）而产生。[1] 由行政行为而产生的私法关系主要是基于行政上的秩序考虑，但当行政上的利益和私法秩序有关联时，行政权的运作也可因私法利益本身的目的而完成私法上的行为。就特许权来看，是一种纯粹的私权，[2] 但因其与公共秩序和国家利益有密切的关系，所以由行政主管对专利权和商标权进行确认，这些权利从性质上来看都属于民事行为，围绕权利的行使发生的争议也由民事法院进行管辖。除了为私法秩序的目的外，还有因行政的秩序本身的目的而产生的司法行为，如矿业权、渔业权、取水权等这些权利就同时兼有公权和私权两种性质，基于国家的资源管理制度而产生，同时又具有私权的作用。而且这类权利随着社会的发展和法律的进化，也有增长之势。

生态时代的来临，生态环境的生态属性和资源属性的显现，在法律框架中表现为生态利益和经济利益，但物权法的"物"的概念的界定，使生态环境游离在外，在现行的《物权法》将自然资源纳入国家所有权或集体所有权的权利范畴后，因将这些自然资源纳入物权客体也是基于行政管理的需要，而使这类权利在其行使的过程中具有浓厚的公权色彩，与传统的物权类型有着明显的区分，无法纳入既有的物权类型中，准物权制度

---

〔1〕 参见［日］美浓部达吉：《公法与私法》，黄冯明译，中国政法大学出版社 2003 年版，第 166 页。

〔2〕 参见［日］美浓部达吉：《公法与私法》，黄冯明译，中国政法大学出版社 2003 年版，第 170 页。

正是因此而产生。准物权所涉及的对象为自然资源[1]乃至自然环境,[2]其主要包括矿业权、水权、渔业权和狩猎权,这些权利与传统的物权之间有着明显的差异:客体不具有特定性;权利构成复合性和交叉性;欠缺排他性或优先性;具有浓厚的公权色彩;经由行政许可而取得;等等。但是不把这些内容规定为权利类型,那么行政相对人基于行政赋权所获取的许可证书就会虚置,难以得到有效的保障和救济,这些所谓的新型权利也因实现途径的阻碍而逐渐隐遁。"日本、中国台湾地区等境外的矿业法、水法和渔业法都重视矿业权、水权和渔业权,详细规定各种准物权的类型和效力,同时也就明确了采矿人、用水人、渔业经营者的义务和边界。"[3]因此作为对生态时代权利膨胀的回应,准物权在我国《物权法》中的确认是具体准物权的权利类型生长的基点。

2. 准物权的界定

准物权的权利类型因其呈现了与传统物权的不同的内容,因而以"准"来显示其共性与个性之间的衔接。在确定准物权客体过程中,针对准物权的特性,崔建远教授主张使用多视角

---

〔1〕 所谓自然资源在庸俗经济学的鼻祖萨伊那里是用自然力代替的,不仅包括了无生物,还包括了自然规律等,(参见崔建远:《准物权研究》,法律出版社2003年版,第8页。)萨缪尔逊:用土地代替自然资源,认为土地是大自然为了帮助人类,在陆地、海上、空气、光、热各方面所赠与的物质和力量(参见[美]保罗·A. 萨缪尔逊、威廉·D. 诺德豪斯:《经济学(第十四版)》,胡代光等译,北京经济学院出版社1996年版,第487页);生态环境是个封闭系统,在物质——能量和同化——再生能力方面基本上是固定的(朱迪·丽丝:《自然资源:分配、经济学与政策》,蔡运龙译,中国商务出版社2002年版,第9页)。

〔2〕 参见崔建远:《准物权研究》,法律出版社2003年版,第8页。

〔3〕 崔建远:《准物权研究》,法律出版社2003年版,第15页。崔建远:"民法典的制定与环境资源及其权利",载吕忠梅、徐祥民主编:《环境资源法论丛》,法律出版社2004年版。

模式立体、全方面地认知和把握准物权客体的整体属性；通过时空结合观来把握准物权客体的同一性和特定性；用宽严相宜的弹性标准确定准物权客体的特定性；用注重课题内部构成因素变化的方法确认准物权的价值和救济方法。[1]准物权虽然具有自己的特殊性，但是这种特殊性是在符合物权基本属性前提下的特殊性，相比于特殊性而言，其与传统物权的共性，如权利的绝对性、支配力、对抗效力、权利法定等方面，在其权利构成中居于更加重要的地位。因此准物权也是物权，只是相比于典型物权，欠缺了部分要件而已，这也是物权体系接纳准物权的原因。从法律效果来看，准物权的行使和初始获得的剥离，使准物权在发生变动时可以适用物权的变动规则，在遭受到不法侵害时可以物权救济规则来进行救济。由于准物权的初始取得的公权色彩，一些学者认为应该用特许物权[2]的说法来代替准物权，但是由于并非所有的准物权都需经过行政许可，也可经由法律事实而产生。公权性只是准物权的社会属性之一，其在总体上仍属于物权的范畴。

准确地界定准物权，不仅需要关注准物权与传统物权的共性，更要关注准物权的特殊性。准物权的特殊性也是判断法律调整客体事物时能够归属于准物权的标准：①客体特定性和单一性的认定。传统物权客体必须为特定物、单一物，所谓特定物相对种类物而言，是指不能以其他物所代替，可以通过其物理形态、功能、结构等显示其特殊性，所谓单一物相对于集合物而言，是指能够单独地个别存在的物。准物权客体如果不从时空结合的维度来观测，仅从物理属性来看，很难独立出来成

---

〔1〕 参见崔建远：《准物权研究》，法律出版社 2003 年版，第 33~38 页。

〔2〕 参见林伯璋："台湾水权及其法律性质之探讨——公水之特许使用"，载《台湾水利》2001 年第 3 期。

为特定的物，也不具有明显的物理可分性，需要借助于技术手段，从多视角模式和时空结合的观念来探讨准物权客体的特定性和单一性。②权利是否有公权色彩。准物权虽然并不是都源于行政行为，但其设立主要是基于公共利益的考虑，具有明显的公权意味，而传统物权其所承载的价值和理念都是以私权为主。③是否遵循一物一权原则。"一物一权一方面是指一个物之上只能设立一个所有权而不能同时设立两个以上的所有权；另一方面也是指在一个物上不能同时设立两个或者两个以上在性质上相互排斥的定限物权。"[1]但在准物权领域中，由于客体需要借助于工具才能分离而独立和特定，所以很难遵循一物一权，如航运水权。

（二）生态物权的准物权性认定

生态环境的范围随着空间区域的变化而变化，从泛物说和金钱说的观点来看，其处于法律主体的对立面，为法律主体所利用并能够带来经济价值，生态环境当然属于广义的物的范畴。在当前的社会语境中，生态环境除了不能满足物权对于特定性的要求之外，也具有物权客体的其他特征，如有用性、可支配可利用性和可度量性的特征，而且特定性问题也正随着技术的发展借助多视角模式、时空结合观、宽严相宜的弹性标准可以得到很好的解决。[2]社会已经从一维走向多维，人类认识世界已经不局限时间或空间的线性思维，在对物的认识上也是如此，物的多元价值的发现，物的多极利用方式的发展，对于物的认识不能再框定在物的物理形态和其在以往展现的主体功能，对物的认识要从立体上全面去把握和分析。

生态利益的存在已经毋庸置疑，深刻地证明了生态环境对

---

〔1〕　刘凯湘："物权法原则的重新审视"，载《中外法学》2005 年第 4 期。
〔2〕　参见崔建远：《准物权研究》，法律出版社 2003 年版，第 24 页。

于社会主体生存和发展的意义。可支配性和可利用性并不是物本身的属性，是着眼于人类目前技术手段对物控制的可能性而言，"微生物通常不易由普通人控制，但专家能通过专业手段识别、使用、检验、保管、运输其菌种或样本以及处理由它产生的其他物质，不妨将之定性为物。"〔1〕生态利益就目前来看人力的确无法支配，〔2〕但是仍可以通过将生态利益转化为经济价值来加以量化和支配。排污权交易、生态补偿制度、碳汇交易等财产制度在环境法中的广泛适用已经证明了生态利益可以通过价格机制来实现。生态环境的可支配性是生态环境的某些可以量化的特定功能通过量化以物权凭证的方式表现出来，成为权利人可以支配的对象，契合了物权客体的可支配性和可利用性的基本特征。生态环境还具有物权客体的可度量性，曾有日本学者就用"替代方法将森林的涵养水源的功能、防治土壤沙漠化功能、防治水土流失功能、供人休闲享受的保养休息功能、提供氧气的功能分别进行了计算"〔3〕。20世纪80年代以来，我国的自然科学工作者经过长期研究，探索出了与我国生态环境相适应的评估测算方法：某一特定地域，特定环境要素对某种特定污染物质的绝对容量为特定环境要素的体积乘以每立方米该污染物的极限密度；某一特定地域，特定环境要素对某种污染物质的可利用容量为特定环境要素的体积乘以每立方米该污染物的极限密度同每立方米环境要素自含污染物的平均密度之差，〔4〕并由此形成了计算水环境容量的公式，因此生态环境也契合了物权客体的

〔1〕 常鹏翱："民法中的物"，载《法学研究》2008年第2期。
〔2〕 参见朱谦："环境权问题：一种新的探讨路径"，载《法律科学．西北政法学院学报》2004年第5期。
〔3〕 吕忠梅："论环境物权"，载《人大法律评论》2001年第1期。
〔4〕 参见邓海峰："海洋环境容量的物权化及其权利构成"，载《政法论坛（中国政法大学学报）》2013年第2期。

可度量性的要素。

生态物权与准物权具有类似的客体基础，其都是源于对公共公有物的私法调整，是对公共公有物进行私权法律调整的产物，具有了公权和私权的复合特征，都是在应对生态环境危机时物权生态化的结果。"准物权与用益物权不同，它不是私人之间的一种权利安排，不是非所有权人与所有权人之间的权利安排，而是抽象的所有权人与具体的所有权主体之间的权利安排。"[1]生态物权与准物权的不同在于生态物权是针对生态环境的生态利益展开；准物权则侧重于生态环境的资源性利用，如水权是对水体的利用，矿业权是以在矿区中采掘已被许可的矿物，并据为已有的物权，但矿业权不是所有权。[2]准物权在我国《物权法》中置于用益物权部分，但是"矿业权正是在不断消耗矿产资源的过程中来处分矿产资源的，从而使它与旨在用益而不是消耗和处分财产的他物权有了本质的区别"[3]。生态物权在使用过程中也对生态环境的生态利益造成损耗，通过生态利益的处分给自己带来经济利益，这点与准物权形成了共识。因此同为公共物品的私法法律保护，生态物权是准物权的发展和创新。

二、 生态物权是具有公权性质的私权

(一) 公权与私权理论的发展

古罗马法中只有具体的权利，侧重于从诉权的角度而不是从实体权利的角度解决问题，不存在关于权利的一般原理。私权理论产生、发展于近代德国民法学中，理性自然法思想的探

---

〔1〕 全国人大常委会法制工作委员会民法室编：《物权法立法背景与观点全集》，法律出版社 2007 年版，第 591 页。

〔2〕 参见行判大正 7 年 12 日行录 29 辑，第 217 页；大判明治 29 年 9 月 25 日民录 2 辑，第 74 页。转引自崔建远：《准物权研究》，法律出版社 2003 年版，第 28 页。

〔3〕 肖国兴、肖乾刚：《自然资源法》，法律出版社 1999 年版，第 323 页。

究把德国的民法学者的思维聚焦于权利的一般问题上，由此权利思维模式成为德国民法学界的主导性思维模式。早期德国民法学者致力于探索私权的一般问题。[1]达贝罗以义务为逻辑基点给权利下了一个定义："权利是指当存在一项针对某个主体的作为或不作为义务时，该主体所享有的东西。"[2]私权一般理论奠基者是蒂堡，蒂堡在 1803 年出版的《潘得克吞法的体系》第三部分专门论述权利与义务——将其理解为法律的产物，采用了权利视角观察民法现象并对其进行一般性的阐述，明确提出权利能力概念，明确地把意思表示作为法律行为的要素，创建了私权一般理论的基本架构。[3]阿诺德·海泽从权利主体、权利客体、权利变动几个方面阐述了私权的一般理论，[4]普赫塔认为权利是法律关系的终极内容与核心，明确区分了权利主体与行为主体[5]。私权理论的形成成为其后德国民法典建构的理论基础。从私权理论的确认来看，考察当前私法体系契约自由、意思自治的基本理念，私权当中的权利主体的意志因素起到重要的作用，权利人可以根据自己的意志来选择是否行使以及采用何种方式行使权利，以期获取相应的收益。物权作为私权中的

---

〔1〕 参见杨代雄："私权一般理论与民法典总则的体系构造——德国民法典总则的学理基础及其对我国的立法启示"，载《法学研究》2007 年第 1 期。

〔2〕 Dabelow. a. a. O. . s. 251.

〔3〕 See Anton Friedrieh Justus Thibaut, System des Pandekten—Rechts, 2. Aufl. Johann Miehael Mauke, Jena, 1805, s. 156. 转引自杨代雄："私权一般理论与民法典总则的体系构造"，载《法学研究》2007 年第 1 期。

〔4〕 See Arnold Heise, Grundrisseines eines Systems des Gemeinen Civilreehts zum Behufvon von Pandecten Vorlesungen. 3. Aufl. Mohr. u. Winter, Hedelberg, 1819, s. 15 ~ 32. 转引自杨代雄："私权一般理论与民法典总则的体系构造"，载《法学研究》2007 年第 1 期。

〔5〕 See Georg Friedrieh Puehta, Vorlesungenober üher das Heutige Römische Recht, Bd. I, 4. Aufl. , Bernhard Tauehniss, Leipzig, 1854, s. 56. 转引自杨代雄："私权一般理论与民法典总则的体系构造"，载《法学研究》2007 年第 1 期。

重要组成部分，其是绝对权和对世权，权利人可据自己的意志来实现权利上的收益，这也形成了物权意思的独断性。因此从公权与私权的形成和行使来看，"意思自治是私法区别于公法的实质性要求"〔1〕，物权意志因素是私权意志自治精神的典型代表，虽然当前出现了物权社会化的特征，物权的行使也受到公共利益的制约，但是从总体来看，物权的行使仍是权利人意思自治的结果。

"公法权利"一词，是德国行政法学的基础概念，日本及我国台湾地区的文献也将其译为"公法上的权利"、"公权利"或"公权"，其表达方式虽有差别但含义完全相同。〔2〕广义的公法权利包括"国家公权"、"个人公权"及"公共团体公权"，狭义公法权利仅指个人在公法上的权利，德国公法权利，在狭义公法权利上仅指行政法上的公权。德国学者格尔伯从公权与私权的异质性视角上率先提出了公权理论，虽然其公权理论建立在国家与国民之间服从关系的基础上，不可能建立起对应国家保护义务的公法权利，但开启了从公法学立场研究个人权利的先河，为后世私人公权理论的蓬勃发展奠定了基础。〔3〕耶利内克在综合了意思说与利益说的基础上，将公法权利界定为法律保护的以特定利益为目的的人的意志力，认为公法权利与私法权利的区别在于，私法权利受个人意思完全支配，而公法权利因受国家约束无法由个人完全支配。〔4〕比勒在界定了公法权利的概念

〔1〕 杜寅："环境生态惠益的物权化研究"，载《中国地质大学学报（社会科学版）》2016年第4期。

〔2〕 参见上官丕亮："论公法与公权利"，载《法治论丛（上海政法学院学报）》2007年第3期。

〔3〕 参见徐银华、肖进中："行政法之公权与反射利益理论的历史演变"，载《公法评论（第4卷）》，北京大学出版社2007年版，第174页。

〔4〕 参见王和雄：《论行政不作为之权利保护》，三民书局1994年版，第33~34页。

的基础上提出了公法权利三要件：①存在强行性法规；②具有私益保护目的；③援用可能性。[1]自比勒提出三要件后，公权概念虽历经学者与实务界的修正，但并没有根本的变动，公权逐渐成为连接行政活动的合法性审查与私人利益保护之间的"桥梁概念"。直到20世纪后期，随着现代人权与法治发展，传统的公法权利的理论不适应社会的发展，哈特穆特·鲍尔认为公法的核心目标是达成私人间利益的均衡，并就私人间利益冲突作出裁决以化解冲突，公法权利在两种情形下可以产生：①多样化的水平纷争被简化为个人与国家的垂直纷争之后，为避免垂直关系中的相对人沦为国家随意支配的客体，则应当承认其享有一定之公权，以防御国家以公益之名对其过度侵害；②国家公权力的介入也解决不了所有的民间纷争，对于那些公益无法吸收的第三人利益，行政主体必须予以充分考量，承认其享有公权，并做出均衡化调整。[2]

（二）生态物权的法律属性认定

关于生态物权的性质，从生态物权与准物权的关系来看，生态物权是准物权发展的一种新的权利类型，因此本书从探讨准物权的法律性质来看待分析生态物权的法律性质。关于准物权的法律性质，是公法权利还是私法权利，形成了五种认定的标准：历史传统说、权利客体说、权利来源说、私权说以及折衷说。[3]

①历史传统说认为判定一权利类型是公权还是私权，应分

---

〔1〕参见［日］石川敏行："ドイツ公権理論の形成と展開"，载《法学新报》1977年第84期，转引自鲁鹏宇："德国公权理论评介"，载《法制与社会发展》2010年第5期。

〔2〕参见［日］山本隆司：《行政上の主観法と法関係》，有斐阁2000年版，第248~249页，转引自鲁鹏宇："德国公权理论评介"，载《法制与社会发展》2010年第5期。

〔3〕参见崔建远：《准物权研究》，法律出版社2003年版，第41~64页。

析其历史演进的过程，从传统法律文化中寻找答案。但是无论是生态物权还是准物权都是在生态危机来临时，基于回应社会变化的需要而出现的新的权利类型，传统的法律文化对此无法认定，况且新的权利类型尚欠缺社会基础，为公众所认知需要一个漫长的过程。②权利客体说源于日本，兴于法国，后为我国学者所接受和认可，其认为判定公权还是私权应从权利客体的角度来看，权利所指向的物是公物还是私物，以物之所有权归属来界分公权与私权，但因当前学界对从权利客体判定的基础公产所有权理论[1]多有诟病，使该说在当前走入了困境，缺乏理论上的支撑。③权利来源说主张从权利来源认定，在一定程度上得到了社会的广泛认可，从权利来源于公法还是私法的规范加以判定，若有私法规定之则属私权，若有公法规定之则属公权。这种判定形式具有明显的局限，其建立在公法与私法截然分开的传统法律体系中，对于当前公法私法化和私法公法化的法律现状而言，两法的融合给权利来源说带来了新的困惑。④私权说根据阐述准物权属性时着眼点的不同，又分为单纯物权否定说和形成权说。单纯物权否定说承认了准物权的物权属性，但是否认其权利客体为民法上的物；形成权说则认为准物权不仅以支配标的物为内容，还能够通过特定的权利行使行为取得标的物的所有权。私权说从私权内部的构成逻辑来判定，认为准物权属于私权的权利类型。但该说仅考证了权利为私权的可能性，忽视权利本身的特殊性，具有一定的局限性。⑤折衷说则认为准物权同时兼有公权和私权的属性，是一种混合的权利。[2]理论界和

---

[1] 参见王名扬：《法国行政法》，中国政法大学出版社1998年版，第302~315页。

[2] 参见［日］园部敏、田中二郎、金泽良雄：《交通通信法·土地法·水法（日文版）》，日本有斐阁1969年版，第84页。

实务界大多认同该种观点。[1]裴丽萍教授在阐释水权时写道：一方面，水对权利人来说是一种财产，水权由此呈现出私权性；另一方面，水资源又是一种公用物，因为水资源上附着了一些不具有竞争性和独占性的生态环境功能和社会公共利益，这又使其具有了公权的色彩。[2]

生态物权作为准物权的新发展而言，其也具有公权和私权的属性，是具有公权色彩的私权。从权利形成来看，由于生态环境的生态利益在界定上存在经济困难，所以需要借助公法的认定和确认，而且生态环境属于公共物品，具有公共利益的属性，与人的生存权和发展权密切相关，也需要公权力的干预，这也是与私权的重要区别。从权利行使来看，私权由其权利主体按照自己的意思自由行使，受到干预较少，生态物权因其承载着公共利益尤其是与基本人权——生存权有关，受到公权的监督，不能根据自己的意志任意行使。从权利的功能来看，生态物权是对生态环境的生态利益的法律保护，兼顾了经济利益和生态利益，从私权的激励、外部性内部化等方面引导社会公众从事环境保护的积极性。因此生态物权并不是传统意义的物权，是在环境法与民法交叉的基础上建构而来的。

准确把握生态物权的性质对于法律对生态物权的设计具有重要的意义。环境保护不是环境法一个学科的任务，环境保护也不是政府的独角戏，需要整合现有的法律资源、社会资源，整合行政管理与市场调节等多样手段，合理配置生态环境的生态利益，协调生态利益和经济利益之间的关系，建立人类生命

---

〔1〕 参见林伯璋："台湾水权及其法律性质之探讨——公水之特许使用"，载《台湾水利》2001年第3期；崔建远：《准物权研究》，法律出版社2003年版，第41~64页。

〔2〕 参见裴丽萍："水权制度初论"，载《中国法学》2001年第2期。

共同体，实现人与自然和谐共生的现代化。

第二节　生态物权的特征

　　所谓特征是区别其他事物的特质和外在表现，也是事物个性得以彰显和事物独立存在的基础。研究生态物权的法律特征，意在理清权利主体、客体、内容等方面所呈现的特点，彰显生态物权特性的同时，与其他权利类型形成自洽且和谐的关系。生态物权的特征是生态物权具有不同于传统物权的特点的抽象结果，必须符合两个基本要求：区别于其他物权的特点和生态物权应当具备的共同的特点。[1]结合生态物权的性质和内涵，生态物权的特征主要体现在以下几个方面。

一、　生态物权的客体具有特殊性

（一）生态环境具有"一体两面性"

　　生态环境的一体两面性主要体现在生态环境的生态利益和经济利益同时为法律所调整，以及这两类本质差异的利益对于法律选择的不同。

　　生态利益是生态物权的基础和内容，其以生态环境为载体，在生态利益纳入法律的调整范畴之后，其物质载体生态环境在物权法上的法律地位呈现出了与传统物权明显不同的特征。以动产和不动产为视角建立的现代物权法律体系，以物的物理形态和经济价值为评价体系构建了物的概念，从物理形态来看，在主客二分的研究方法下，凡处在法律主体人对立面的皆为物，但并不是所有的物都可以进入物权法的视野，物权法又以经济

---

　　[1]　参见张玉敏："知识产权的概念与法律特征"，载《现代法学》2001年第5期。

价值为依据进行了类型化的选择。所以物权客体在物权法中主要展现为经济效用，虽然物具有多重功能，也能满足人的多种需要，但在物权法的简化模式下其经济效用得到了保护和体现，物的其他的功能则交由其他的社会规则进行规制，很少在其他法律规范中出现。但是生态环境不同，现代的法律已经明确了生态环境的构成要素具有经济方面的价值，因其具有物的形式和内在价值，已经作为传统物权的物权客体，诸如对土地、森林、矿产资源、水体等生态环境资源的物权规定，包括了所有权制度和准物权对其使用方面的内容。在生态环境具有生态利益被人们接受和认可之后，生态危机的发生导致了生态利益也被法律接受和吸纳，但与其经济效用方面被纳入私法不同，生态环境问题从开始被发现之时就被视为公共问题，通过公权力干预的方式进行调整。诚然上文分析中提到生态环境在进入环境法调整时其所用的是一个整体概念，但从生态利益的生成机理来看，生态环境诸构成要素对生态利益的生成具有或多或少的影响，生态环境是个系统的整体概念，其与地域相关，因为地域禀赋的不同而有所差异，这就意味着生态环境的诸要素同时又具有生态的功能，其综合在一起成为一个整体系统时产生了生态利益。

因此就目前的法律体系来看，并没有一个事物如生态环境般复杂，其同时为公法和私法调整，从法律理念来看，公物一般由公法进行调整，私物一般适用私法进行规范。而生态环境产生的多类价值中的两大类同时为法律所规范，偏偏又不属于同一性质，这就使生态环境在法律规制上存在着困境，两者之间的协调共存、共生共荣关系使任何一面的利用都不能无所顾忌，必须兼顾另一种利益，是以这两种利益形态因其具有共同的基础，引起法律社会化走向，公法和私法在此都有适用的空间和条件，孤立的对待和调整都不能够从根本上解决生态环境问题，也不符合物权法中对物的最大化利用，当前生态利益调整的主要领域——环境法领域出现了大量的私法手段，私法领域一方面认为应当及时地回应生态危机的现实状态，应当开拓创新，另一方面却又固守其传统理念。生态物权既丰富了民事权利的内容，也兼顾了环境保护的需要，以生态环境为客体，以生态利益为内容时，也必须兼顾生态环境的经济利益，生态物权是生态利益和财产利益的统一，这也体现了生态环境的一体两面性。

（二）生态环境特定化的特殊性

虽然现代物权法出现放弃"物必有体"的趋势，但总的来讲，"物必有体"仍是现代物权法的主流观点，即使新型物权形式——准物权也遵守了"物必有体"的理念。"物必有体"不仅反映在物的物理形态方面，也是从对物的支配性和利用性等方面对物权客体特定化的要求。传统物权客体的特定化通过对物的物理形态就可以识别，如房屋、厂房等不动产和书籍、货物等动产，而物的演变中无体物、空间、自然力也被纳入物权法中物的范畴。空间需要借助于空间维度才能定性，而热、电、天然气等自然力需要借助技术手段才能实现其特定化的过程，作为交易的对象，进入现实的社会。虽然在物的利用过程中出现多视角多层次的利用，但这样的多层次利用总的来说是单线性、粗线条的，这一方面与法律关注社会生活的重要方面有关，另一方面也与法律关注的便利和法律的简化有关。

生态环境作为公共用公物，其在利用的过程中，不能够脱离公权力的干预而单独适用财产权的调整，在美国法学家科尔的《污染与财产权》一书中，比较了公共财产权与私人财产权的弊端之后，提出了混合财产权的财产权新模式[1]，而生态物权正是这种混合型财产权的体现，其取得和使用都必须在公权力的干预之下进行。因此生态环境的特定化问题也是公权力借助一定的科学手段进行具体化的过程。虽然目前并没有能够确切衡量和科学表达生态环境特定化的量词，但从技术手段来看，从时间和空间结合的维度也可以比较准确地阐述特定的生态环境。

生态物权作为准物权，"准"字的适用表明了其物权构成方面的欠缺，生态环境特定性的困难就是其中之一。在传统物权客体界定时，因为是一种单线性过程，或从时间的维度来看，或从空间的维度来分析，其特定性大都等同于同一性，这很好地保证了交易的安全，提高了交易的效率，但是同一性并不等于特定性。在英美法系中，两个主体可同时拥有针对同一客体的权利，在事先确定的时间和范围内享有不动产的权利，这也就是说地产权可以在时间上进行分割，几个人可以同时和相继拥有同一客体物的所有权。[2]因此时间和空间结合确定物的特定性方式并不仅仅是理论上的释明，而且现实中也有成功的案例和成熟的经验，这对于大陆法系一个物上不能同时存在两个内容相斥的物权来说，不能不谓之是一种进步，也符合了对物的利用最大化的社会发展趋势。

生态环境的特定性同样借助时空结合的维度来进行。生态物权的权利内容是以有权机关的行政登记簿上记载的权利为依据，在目前比较成型的可以参考的排污许可领域，就是通过对特定时间、特定空间内排放的浓度、排放的数量等方面进行规

---

〔1〕 参见［美］丹尼尔·H.科尔：《污染与财产权》，严厚福、王社坤译，北京大学出版社 2009 年版，第 22~90 页。

〔2〕 参见高富平："从实物本位到价值本位——对物权客体的历史考察和法律分析"，载《华东政法学院学报》2003 年第 5 期。

定而显示出来的，因此排污方面的特别许可又被称之为排污权，而且围绕其利用，已经形成了比较成熟的市场化操作模式，建立了排污权交易制度。在准物权的客体特定化的过程中，也需要时间和空间的结合。如在水权方面，特定时间加上特定空间，水权客体的特定性就可以显示出来。因此相对于传统物权客体特定性的单线性认识来说，生态物权客体的特定性则需要借助于时空结合观念和一定技术手段。

二、 生态物权的取得和行使具有公权色彩

（一） 生态物权的取得具有公权色彩

在生态物权的取得过程中，公权色彩反映在生态物权的出让费用的征收上。"目前，我们确实已致力于制造某些资本——大量的科学技术知识，以及其他知识、精巧的物理基础设计、无数种精密资本设备等等——来协助我们生产，但所有这一切仅是我们正在使用全部资本的一小部分。最大的那部分资本是由自然界而不是由人类所提供的——而我们竟然不曾认识到这一点。"[1]经济学中对劳动创造财富理论的修正，使生态环境要素作为资源价值得以证实，奠定了自然资源的理论基础，资源的价值理论和物的属性使其成为公法和私法相容的体现，自然资源的准物权体系[2]的建构是物权在环境保护领域中运用的新

---

〔1〕 修马克：《小即是美：一本把人当回事的经济学著作》，李华夏译，立绪出版社2000年版，第5页。

〔2〕 崔建远教授从民法的视角探讨了准物权：准物权具有公权性和私权性，其由行政许可"催生"、"准生"和确认，其权利类型主要包括矿业权、水权、渔业权几种形式。（参见崔建远：《准物权研究》，法律出版社2003年版）桑东莉教授从环境的角度阐述自然资源的物权制度，其意在弥补其环境保护功能的缺失，分析了市场配置在自然资源的公共所有权的基础上，应以初始分配的物权化为进路，减少政府的干预。（参见桑东莉：《可持续发展与中国自然资源物权制度的变革》，科学出版社2006年版）

的类型。在生态环境问题日益严重的情况下，生态利益具有财产属性，并且可以用经济价值来衡量是其能够进行财产权制度设计的主要原因，但生态利益在转化过程中的技术标准统一性和技术测量上的困难是对生态利益进行保护的现实困难。这个问题在土地使用权出让的过程中同样存在，出让时所收取的费用并非反映了土地使用权的价格，其通过行政手段解决了权利初始取得的问题。在准物权体系矿业权、水权、渔业权等权利的取得过程中的应向有关机关缴纳一定的费用，这笔费用同样不是取得权利支付的对价，而是基于行政管理的需要。因此生态物权内容上的公权性首先反映在权利取得时所征收的费用。

生态物权取得时的公权色彩，还反映在取得过程中公权力的运用。生态物权是基于国家与期望获取生态物权的人订立的行政合同而产生。虽然从本质上看国家在这一过程中，是生态环境的所有权人的身份，但在订立合同的过程中，是以民事主体的身份出现，这类合同在德国也被称为物权合同或者物权契约[1]，但是这并不能改变其所订立的合同性质，其对权力的保留，如惩罚不执行合同的行为，单方解除的行为，意味着这类合同仍然是行政合同，具有行政合同的色彩，适用行政法规则，在发生争议时围绕权利取得等适用行政诉讼法进行管理，审查行为的合法性问题。因此从合同的性质来看，生态物权在取得时所依据的行政合同本身也是行政主体执行公务的一种方式，是公权干预的结果。目前在生态物权的取得过程中，主要采取行政许可的方式，由符合预设条件的主体提出申请，由行政主管机关进行审查并作出是否授予的决定，从结果来看其是赋权行为，从过程来看生态物权的取得是明显的行政行为。因此生态物权

---

〔1〕 参见陈华彬：《物权法原理》，国家行政学院出版社1998年版，第520页。

的取得具有明显的公权色彩。

（二）生态物权的行使具有公权色彩

在传统物权的行使过程中，适用完全的意思自治原则，若非必要，政府一般不会对物权的行使过程进行干预。物权的行使也受到权利不得滥用和公共利益的限制，同时要求权利行使时不得损害国家、集体和第三人的合法权益，生态物权同样也遵守这些物权的基本理念。作为权利内容的生态利益与生存权和发展权密切相关，生态物权建立在基于发展所需的生态利益上，但是基于生存所需的生态利益与基于发展所需的生态利益之间的界限是一个动态的过程，并非一个确定的阈值，两者之间并不能明显地区分。目前通过生态红线制度对两者进行区分，但是生态红线制度是通过区域划定进行的保护，这样的测定方法是否合理科学尚存在争议。生态环境是一个具有复杂的结构和运行规则的整体，其在提供稳定的良好的生态利益时，其结构具有一定的弹性和耐受力，生态物权的生成就是利用了这种耐受的空间。但生态物权在行使的过程中，消耗性的生态物权行使带来的是对生态环境不利的影响，这种影响在一定的时间和空间内存在，集中爆发或者蓄积超过限度时就会挤占生存所需的生态利益，当前在国家范围内出现的癌症村等现象充分说明了这个问题，即使合法地使用生态物权也有可能危及他人的身体健康，甚至是生存环境。因此在整个生态物权的行使过程中，公权干预是权利不得滥用的保障。

从生态物权的类型化研究来看，生态物权的用途可以说涉及社会生活的绝大多数领域，从休闲娱乐到农业生产再到工业生产都被涵盖其中。生态物权的有限性与其需要的普遍性之间的矛盾使生态物权很容易被滥用。这与传统的物权不同，传统物权随着物的耗尽而归于消灭，但作为生态物权的生态利益只有供给的多少之分，其在基于发展所需的生态利益耗尽之后，消耗的是他人的生存利益。因此若脱离公权干预与行政监管，既会造成生态物权的过度滥用和不当利用，也会使生态物权的权利设计毫无意义，生态物权的权利人的利益无法得到有效保障。

三、 生态物权的权利内容具有特殊性

（一） 生态物权具有复合性

传统物权的构成，以占有、使用、收益等权能作为要素，[1] 在同一物上并不存在两个内容相互排斥的定限物权，即一物一权[2]。一物一权源自现代物权法对于罗马法"所有权遍及全部，不得属于二人"规则的继承，[3] 与物权法定原则相互补充，物权法定原则确定支配的客体范围，一物一权则明晰支配的内容，"一物一权，遂间接使得物权易于公示，交易之安全因而获得确保"[4]。从静态的财产的权利确认来看，一物一权彰显了物权的封闭性和排他性，使物及物权体系相对简化，带来了交易上的便捷，因此"近代物权法之一物一权主义是近代所有权具有商品性的当然归结"[5]。

生态物权的构成则相对比较复杂，具有复合性的典型特征。生态利益作为生态物权建立的核心和基础，其在一定的时间和

---

[1] 参见崔建远：《准物权研究》，法律出版社 2003 年版，第 39 页。

[2] 参见王卫国：《中国土地权利研究》，中国政法大学出版社 1997 年版，第 8 页；彭万林主编：《民法学》，中国政法大学出版社 1994 年版，第 185 页；尹田："论一物一权原则及其与'双重所有权'理论的冲突"，载《中国法学》2002 年第 3 期。

[3] 参见尹田："论一物一权原则及其与'双重所有权'理论的冲突"，载《中国法学》2002 年第 3 期。

[4] 谢在全：《民法物权论》，中国政法大学出版社 1999 年版，第 19 页。

[5] 陈华彬：《物权法原理》，国家行政学院出版社 1998 年版，第 54 页。

空间内是相对恒定的，承载着这个特定区域内的发展的价值，区域内每个群体对此都有正当的需求，政府虽然代表国家行使着管理的职能，但其必须进行全盘整体的考虑，在多样性的需求中选择其中比较关键的需求予以满足，因此在同一区域同一时间内，会存在着若干个内容相同的生态物权。这数个内容相互排斥的生态物权从表面上看，会造成确认和监管的不易，也违背了物权法的一物一权，但深入分析，虽然从时间或者空间上来说，这样的数个生态物权同时存在难以界分，但是把时间和空间相结合，再加上目前的技术条件就可以发现，这数个生态物权虽然基于同一物权客体，但这数个生态物权之间通过其所取得的权利证书所记载的内容可以进行明显区分，其所使用的不过是同一物权客体的部分效用而已，从物权对物的利用最大化来看，物的滥用固然是不当的，但物之闲置不用对经济发展来说也是一种浪费。而且目前的技术条件和认识能力已经可以在数个生态物权之间进行很好的协调和平衡。因此生态物权相对于传统物权来说在权利构成上具有复合性的特征。

（二）生态物权具有用益性

用益性是用益物权的典型特征，"就物之实体，利用其物，以其使用价值之取得为目的之权利"[1]。现代物权法由罗马时期强调物之归属转向了强调物之利用，用益物权居于物权法的核心地位。社会经济生活和社会利益结构的变化对物之利用产生了深远的影响，使用和占有的权能从所有权的相对分离，拓展了人们对物的利用和控制的广度和深度，新的物之利用方式随着科学技术的进步和信息手段的大量使用呈现出多样化的趋势，带来了用益物权的变化。"地下或空间，因定上下范围及有

---

[1]　史尚宽：《物权法论》，中国政法大学出版社 2000 年版，第 15 页。

工作物，可以以之作为地上权的标的"〔1〕，空间地上权或者区分地上权〔2〕的诞生，用益物权体系的丰富与发展，也说明了物对人类的用益性正随着认识的深入而不断丰富。用益性是用益物权区别于其他物权的基本属性，在物权的发展过程中，不以用益物权人对所有权人享有其它财产权利为其存在的前提，〔3〕其体现了物的使用方面的利益。

生态物权是对生态环境的生态利益的物权调整，是物权生态化的阶段性成果。生态物权的形成是建立在对他人所有物的基础上，是对他人所有物的生态效用的使用，满足了用益物权对于物的用益性的要求。就目前的法律现状来看，关于生态利益的物权保护，美国构建了环境保护性役权，以完全的私权模式实现生态环境保护目标的资源配置方式，其并不依赖于土地上的相邻关系，"可以从役权财产所处的社区之外实现它的权利利益"〔4〕〔5〕，资料显示美国的环境保护役权置于物权的环境下，应当属于用益物权的范畴。但在英美法律词典中至今没有"物权"的词条，〔6〕用财产法来调整涉及物的利用关系，"英美普通法本身就是一种从私法实践中发展起来的法律体

---

〔1〕 刘得宽：《民法诸问题与新展望》，中国政法大学出版社 2002 年版，第 67 页。

〔2〕 参见刘得宽：《民法诸问题与新展望》，中国政法大学出版社 2002 年版，第 35~36 页，第 65~66 页。

〔3〕 参见房绍坤、丁海湖、张洪伟："用益物权三论"，载《中国法学》1996 年第 2 期。

〔4〕 Gerald Korngold, "Solving the Contentious Issues of Private Conversation Easements: Promoting Flexibility in the Future and Engaging the Public Land Use Process", *Utah Law Review*, 1039 (2007), 1044~1048.

〔5〕 朱冰："中美自然资源物权工具的比较分析"，载《河北大学学报（哲学社会科学版）》2015 年第 3 期。

〔6〕 参见周林彬：《物权法新论——一种法律经济分析的观点》，北京大学出版社 2002 年版，第 289 页。

系，缺乏对理论体系化的追求，在英美法系财产是一种法律制度，而物只是理解财产的具体性质和内涵的工具而已。"[1]因此从生态物权对物权客体的利用和英美法律对环境保护性役权的法律地位来看，生态物权具有用益物权的典型性征——用益性。

但生态物权的用益性与用益物权的用益性也有着一定的差别。用益物权对物的使用并不以损耗物的本体为代价，其对物的使用也并不因此造成他人利益的减少和损失，无论对于用益权人还是所有权人来说，都从物的用益性中得到自己所追求的价值。所有权以物的用益性得到经济上的实现，用益物权人也因物的用益性而使自己的要求得到了满足，对于社会而言更是创造了新的利益和财富。但是生态物权的用益性则有着不同，其对生态利益的使用会带来利益的损耗，对物权客体的本体造成损害，其用益性的使用也会对他人的利益造成损害，这也是生态物权的取得和行使必须有公权力进行监管的重要原因。"当制度公正时，那些参与着这些社会安排的人们就获得一种相应的正义感和努力维护这种制度的欲望。"[2]

第三节 生态物权的功能

一、 协调经济发展与环境保护的关系

"在这些西部的森林里，有些树的长成需要 3000 多年的时间。这些树生机盎然、亭亭玉立，在北美西部山地的大森林里

---

[1] 朱冰："自然资源物权立法的逻辑基础——资源与物的比较分析"，载《资源科学》2012 年第 10 期。

[2] [美] 约翰·罗尔斯：《正义论》，何怀宏等译，中国社会科学出版社 1988 年版，第 456 页。

摇曳着、歌唱着。自从耶稣时代，在所有美妙而沧桑的世纪里，长久以来一直是上帝照看着这些树，把它们从干旱、疾病、雪崩以及上千次毁灭性的风暴与洪水中拯救出来。"[1]但是在美国的大开发活动和工业文明的建设过程中，生态环境的无序开发与破坏导致了森林面积锐减，现代化进程中的发展方式和发展理念的选择使经济发展与环境保护之间呈现一种尖锐的对立关系，生态环境的一体两面性使在资源属性被过度彰显而生态属性被人为忽视的情况下，罔顾生态环境的结构稳定肆意利用资源成了理性经济人追求自身利益最大化的发展选择，可以说经济是以对生态环境的破坏为代价逐步发展起来的，这也最终带来危及人类自身生存与发展的生态环境问题。经济发展和环境保护都是为了满足人们的生存与发展的需求，经济发展是以实现经济利益为内容，环境保护则是以生态利益为内容，无论是经济利于还是生态利益都是人们正当的利益需求，这两类利益在生态环境领域出现了交叉和重叠，是生态环境对人的有用性的社会体现，生态利益和经济利益载体的同一性、追求目标的差异性（利用最大化和损害最小化）使两种利益之间出现全方位的冲突和抵牾。协调环境保护与经济发展的关系，衡平生态利益和经济利益之间关系是生态物权设计的初衷，"无论是古典的整体主义利益，或者是社会契约和功利主义的利益，无论是新自由主义的利益，或者是社群主义的利益，利益衡量是所有利益论者的核心表述，是利益法学的基本规范方法。"[2]阿列克西的价值权

---

〔1〕〔美〕约翰·缪尔：《我们的国家公园》，郭名倞译，吉林人民出版社1999年版，第250页。

〔2〕杜建勋：《环境利益分配——法理研究》，中国环境出版社2013年版，第94~95页。

衡理论[1]为两种正当利益的冲突提供了解决的路径，当两种利益发生冲突时，其所蕴含的价值均不能实现利益的最大化，就需要建立一个共同的博弈模式，使两种利益在限度内达到最大。在寻求这个模式、解决环境问题的过程中，早期的解决问题的方式集中于行政强制手段的运用。面对具有公共性和复杂性的生态环境问题，环境保护行政主管机关，针对不同的管制项目或介质，制定一定的目标，透过不同的手段，以维护或改善环境的品质。[2]行政管制在公法领域的大量使用以及对在生态环境保护方面积极作用的迷信，使我国建立了以各项环境行政管制法律制度为基础的环境法律体系，"在设置合理的环境标准的基础上，通过监督管理行政相对人的环境与资源开发、利用和保护的社会行为，惩戒环境与资源开发、利用与保护的违法行为，推动国家环境保护社会公共目标的实现。"[3]在公权力的运作和介入下，环境问题得到了有效的解决，生态危机得以缓解，但另一方面，随着社会治理理论的丰富与发展，生态全民共治的大力推动，环境进化中利益增进代替利益抑制的转向，使以行政管制为主体的环境法也面临自身难以克服的困境与缺陷。"政治与经济体制的障碍，经济活动的多样性与环境保护的广泛性，经济发展与环境保护关系的复杂性，环境行政监管机构权威的缺乏、环境行政管制条件的欠缺和资源的短缺，环境行政

---

〔1〕　"阿列克西的价值权衡理论和权衡模式"至少包括三个方面的内容：①确立判断标准，衡量对其一利益的损害程度；②衡量两者的重要性；③衡量其一利益实现是否必然损害另一利益。参见王旭："论权衡方法在行政法适用中的展开"，载《行政法学研究》2010年第2期。

〔2〕　参见叶俊荣："环境立法的两种模式：政策性立法与管制性立法"，载《清华法治论衡》2013年第3期。

〔3〕　柯坚：《环境法的生态实践理性原理》，中国社会科学出版社2012年版，第140页。

监管机构及其人员理性的有限性，环境行政管制过程中存在的信息不对称、不完全与不确定性等因素"〔1〕的客观存在，普遍的社会性认可的缺失和权力与权力意志的分离，使得行政管制有时是低效或无效的。而行政强制手段在环境质量得到一定程度好转的情况下，也严重激化了经济发展与环境保护之间的矛盾，催生了人与生态环境之间新的对立，〔2〕因此孤立地看待和分析生态环境之上的利益形态，将其看成单一的利益进行法律保护或利用，就会引发过度的保护或过度的利用，从而产生新的问题。就法律现状来看，单纯地依靠强制手段建立的衡平模式和框架，以"命令+控制"的方式来迫使企业等社会主体并不能很好地协调环境保护与经济发展的关系。生态物权将生态利益纳入私法的保护范畴，通过财产价值的实现，从而很好地激发公众从事环境保护的热情，自愿自觉地从事维系和增进生态利益，改善生态环境的环境保护产业，相对于行政手段的强制协调来说，生态物权从市场诱导和经济激励的方式来达到环境保护与经济发展的协调，公众也更能接受和认可，既带来了新的经济增长点，也带来了生态环境的改善。

生态环境问题的经济性原因和生态性考虑决定了其解决之道必须兼顾这两个方面的考虑。人们最初倾向于从技术角度来研究生态环境问题的成因和解决之道，但社会事实表明，科技的发展和技术的进步并没有带来环境问题的最终解决，人类又开始探索其他的解决之道，环境经济学、环境哲学、环境伦理

---

〔1〕 柯坚："环境行政管制困境的立法破解——以新修订的《环境保护法》为中心的解读"，载《西南民族大学学报（人文社会科学版）》2015 年第 5 期。

〔2〕 参见邓海峰：《排污权：一种基于私法语境下的解读》，北京大学出版社 2008 年版，第 100 页。

学、环境法学等新兴学科由此而诞生，[1]生态环境问题也远非一个单纯的技术问题或经济问题，是复杂的社会条件和多元的利益冲突相互作用的结果，[2]超越了技术和经济问题的因素，成为整个自然学科和社会学科需要面对的现实的社会问题。生态物权的设计改变了行政强制手段以环境保护为主的思路，以供求关系来推动生态物权的财产利益实现，推动生态利益的合理配置和高效使用。当生态物权带来的经济利益不低于资源利用带来的经济利益时，经济利益之外，还有舒适的环境和良好的秩序，即使社会主体遵循理性经济人的基本假设，也会选择可以兼顾经济利益和生态利益需求的生态物权的实现，从而扭转环境保护的不利局面，推动社会主体积极投身于环境保护的大潮中。生态物权的设计一定程度上可以解决环境问题产生的经济原因——外部不经济性，通过市场化的制度设计和意思自治的结构原则，为新建、改建和扩建企业提供了出路，较好地协调了经济发展与环境保护之间的关系。[3]

二、 促进生态利益的维系和增进

公法在调整生态环境时以生态利益的保持、损害最小化为目的，以行政管制手段为主，以矫正正义为指导理念，力图维持生态环境的现状。在这个略显消极的目标下，被动抑负成了主要控制理念，一定程度上止住了环境持续恶化的趋势，为环境保护向纵深发展、环境保护的理念转变、私法手段的适用打

---

〔1〕 参见马骧聪：《环境保护法基本问题》，中国社会科学出版社 1983 年版，第 94~96 页。

〔2〕 参见邓海峰：《排污权——一种基于私法语境下的解读》，北京大学出版社 2008 年版，第 22 页。

〔3〕 参见蔡守秋："论排污权交易的法律问题"，载《2002 中国环境资源法学研究会会议论文集》2002 年 10 月。

下了坚实的基础。

私法与公法在法律理念上有着根本的区别。所谓法律理念乃是正义的实现，正义要求所有法律努力都应当指向这个目标，即实现在某地某时的条件下所可能实现的有关社会生活的最完美的和谐。〔1〕对公法与私法上权利、主体、利益集合等具体的制度进行实证法分析时可以看到："所谓个别法治精神，就是说法律秩序有时偏向于'个体范围'，在此范围内允许个人有较多的活动自由，其精神是私法的；有时偏向于'团体范围'，属于此一范围者，常注重整体利益，毋需个人意思的自治，其精神是公法的。"〔2〕私法关注个人利益的实现和满足，国家提供个体追逐利益而进行行为的一般规则后，公共权力就应当让位于私人的意思自治，个人经由本心驱动，势必尽其所能以期做最有力之安排，〔3〕因此意思自治原则是构成私法最为本质的原则。公法因其所调整的公共利益的特殊性，使公法呈现权力依赖，"只存在一条使不可操作的现存在再次成为可管理的道路：须设立一种暴力"〔4〕，最终把暴力作为公共利益的协调方式。公法和私法理念的差异导致了两者调整手段的差异，私法手段以调动社会主体行为积极性为目标，而公法手段则以社会主体的被动服从为主，是以相比于私法手段的自治性而言，公法手段的高高在上，使一般社会主体难以产生亲近感。

环境法以管制立法为主体，侧重于行政权力的运作来调整

〔1〕 参见［美］E. 博登海默:《法理学——法哲学及其方法》，邓正来、姬敬武译，华夏出版社1987年版，第163页。

〔2〕 韩忠谟:《法学绪论》，台湾韩忠谟教授法学基金会1994年版，第39页。

〔3〕 参见曾世雄:《民法总则之现在与未来》，中国政法大学出版社2001年版，第17页。

〔4〕 ［德］京特·雅科布斯:《规范·人格体·社会》，冯军译，法律出版社2001年版，第16页。

和规范人们的行为，推动环境保护秩序的建立，迅速扭转环境污染和生态破坏的不利局面。但由于环境法律规范缺乏社会共识，在当今社会的价值衡量体系下，社会公众对良好舒适生活和工作环境的要求让位于物质方面的经济满足，这就造成在环境保护领域的集体失语和冷漠。生态物权以生态环境所承载的生态利益为权利内容。通过相邻关系的地域判定取得，这对于生态利益禀赋优势的地域而言，可通过生态物权的转让来获取对价，虽然现在也有与之相类似的生态补偿制度，生态补偿通过政府间财政转移支付而来，其并不是源于权利，而是通过行政协商的方式进行的适当补助，以 2016 年江西广东两地签署的东江源横向生态补偿协议的内容来看，两省各出 1 亿元，共同用于东江流域的环境治理，这在某种意义上是环境治理的联合行动，而非对东江源生态保护的认可和对价的支付。私法的体系设计以理性经济人为假设，权利客体能够量化为货币是对其权利进行调整的关键因素，在这种功利主义的判断下，如果生态利益不能够转化为合理的经济利益，那么谈社会公众的环保热情和积极性显得有些奢望。而生态物权通过地域关系判定权利归属，通过权利的设计并按照私权市场化运作的模式，可以实现生态利益分配上的正义，化解生态利益分配过程中的失衡现象，促进这些生态环境地缘优势的群体积极参与到保护环境的活动中来，促进生态利益的维持和增进。其次生态物权也可以因劳动而取得，虽然修马克修正了"劳动价值理论"，但其仍然承认劳动可以创造价值。公民个人、社会团队和企事业单位可以因自己从事的生态增益活动而获取增益部分的生态物权。生态物权的自由流转可以给这些群体带来新的经济发展机遇，从而调动了社会主体参与环境保护的热情，实现生态利益的增进。

生态物权是他物权，现代物权的发展是追求实现物的价值利用的最大化，基于生态利益的维持和增进能够带来不亚于利用其资源利益所产生的经济收益时，就会形成利用的转向和发展观念的更新，资源利益就会让位于生态利益，从而推动生态全民共治的形成。环境法需要借助物权法对生态利益进行保护，就是要借助物权的资源配置、激励和外部性内部化等经济功能，解决环境保护过程中的市场失灵问题，推进环境的深层保护，形成全方面的保护体系。

三、 推动生态全民共治的实现

建立环境保护的多维政策及法律机制，推动环境保护的公共治理和广泛的社会合作，聚合各种社会资源和社会力量，已经成为很多国家和地区的环境政策和环境法律选择。[1]在我国社会结构由"总体性社会向分化性社会转变"的过程中，社会主体的公民意识觉醒，"社会的利益主体多元化，利益关系更趋复杂；不同利益主体对发展与变迁的社会预期普遍提高，对自身利益的保护意识日益增强，对公共资源分享的诉求日益强烈。"[2]社会组织的发展和公民社会主体意识的增强，使公共事务的治理主体呈现为边界模糊又内涵丰富的集合体，十九大报告中指出要建立环境保护的全民共治，"环境保护，人人有责"，环境治理就不仅仅是政府这单一主体的责任，其他的社会主体也要有效地参与，党的十九大报告在"建设生态文明、建设美丽中国"方面指出："坚持全民共治"，"构建政府为主导、企业为

---

〔1〕 参见柯坚：《环境法的生态实践理性原理》，中国社会科学出版社 2012 年版，第 140 页。

〔2〕 李汉林、魏钦恭、张彦："社会变迁过程中的结构紧张"，载《中国社会科学》2010 年第 2 期。

主体、社会组织和公众共同参与的环境治理体系"，与传统环境治理模式的单一性不同，生态多元共治模式是为了有效保障生态环境利益的持续供给，以治理主体多元和治理体系开放为基本特征，政府、企业、公众与社会组织合作互动，有效解决环境问题的全方位的新型生态环境治理模式。其通过政府与民间、公共部门与私人部门的合作、法律规范与社会规范的合作、强制性法律规范与指导性法律规范的合作、行政监管手段和市场激励手段等私法手段的合作，拓展环境治理手段，优化政府环境治理活动，推进生态环境治理体系和治理能力的现代化建设，形成长效有序的生态环境治理体系。

生态全民共治对各类社会主体而言，因其关注的利益不同而应采用不同的制度予以激励和保障。对政府机关而言，行政管理职权的赋予、环境保护义务的落实、政府环境保护责任的完善是政府参与环境保护事务积极性的主要保障；但是相对于政府的全局考虑和长远计划而言，企业和社会公众作为私主体更关注自身利益的实现，在经济价值作为对人和事物的最主要的评价指标的情况下，经济利益的实现是这些主体参与环境保护的积极性的保障。因而在多元社会结构、多样的利益分配、多重文化的冲击下，就社会主体而言，环境保护法律措施应当在行政管制手段之外，寻找私法手段的适用尤其是财产权制度的适用，使私主体能够在环境保护的活动中得到利益和好处。

"人们通常认为对付制度缺陷的办法就是制定更多的规则或提供'更管用'的物质激励。"[1]政府承担保障公民生存所需的基本生态利益的责任，对于发展所需的生态利益，在生态环境的耐受范围内，允许其通过私权的手段进行市场配置，生态

---

〔1〕〔美〕巴里·施瓦茨、肯尼思·夏普：《遗失的智慧：除了抱怨制度，我们还能做什么?》，杜伟华译，浙江人民出版社 2013 年版，第 9 页。

物权制度就是这类制度。生态物权通过将生态环境之上的生态利益转化为经济收益，提高企业和一般的社会主体从事环境的积极性，是实现生态全民共治这一生态环境保护的理想图景的有效措施。生态物权通过生态利益的供求关系来实现其经济价值，通过市场机制来高效合理配置资源，充分释放私主体的创造力，用现实的智慧在不完美的法律与社会结构中探索和描绘生态利益的法治保障的理想图景。

第四章
生态物权的权利设计

　　法律权利是规定或隐含在法律规范中，实现于法律关系中的主体以相对自由的作为或不作为的方式获得利益的一种手段，[1]是法律允许的自由。每一种真正的权利就是一种自由，在内容上它表现为权利主体的意志自由和行为自由，在效力上表现为法律对一切义务主体自由的强制和干涉。[2]对于当前以权利为本位的法律体系来说，明确的权利来源和清晰的权利界限是构建任何法律权利的基础和原点，[3]不仅关系到权利主体的行为模式，也明晰对应义务主体的活动边界，权利的范围就是义务的界限。[4]物权变动是现代物权体系中重要的内容，静态的权利赋予了权利主体从事某种行为的资格，动态的权利运行过程则是权利实现其价值和内涵的关键，因此静态的权利设计和动态的权利运行的耦合才构成权利的完整内容。在前文阐明了生态物权的静态权利内容基础上，本部分从动态的权利运行过程出发，围绕生态物权的取得、公示与行使进行权利设计。

---

　　〔1〕　参见张文显：《法哲学范畴研究》，中国政法大学出版社 2001 年版，第 309 页。

　　〔2〕　参见公丕祥主编：《法理学》，复旦大学出版社 2002 年版，第 196～197 页。

　　〔3〕　参见邓海峰："排污权私法取得机制研究"，载《中国法学会环境资源法学研究会 2005 年年会论文集》2005 年 8 月。

　　〔4〕　参见张文显主编：《马克思主义法理学》，高等教育出版社 2003 年版，第 300 页。

第一节　生态物权的取得

所谓物权取得是指主体取得了客体物的某种物权的行为与过程，生态物权的取得意味着主体与客体在法律上的结合，权利主体取得了对客体物在一定时空范围内排他性的支配利用权利。生态物权作为他物权，是对于他人之物上设定的负担，其在行使过程中，随权利内容和客体物的变化而变化，也可以因其处分行为而消灭。在生态物权的变动过程中，取得居于权利运行之初，是权利行使的合法性基础，也是整个物权变动过程开始的前提，因此生态物权的权利设计也是权利的取得开始。

一、生态物权的取得概述

权利的取得分为原始取得和继受取得两种方式，而原始取得是在特定法律事实发生时依靠法律规定就可取得，一般情况下，基于事实行为而取得物权即属于物权的原始取得。[1]原始取得的方式主要有：劳动、生产、先占、添附、加工等。继受取得是给予他人既存的权利而取得物权，权利人取得权利，相对人则丧失该项权利，继受取得是原始取得权利人处分物权行为的结果，依照继受的方法不同，继受取得分为移转取得和设定取得。[2]原始取得主要适用于所有权，是确定财产归属的主要规则，很少适用于他物权领域。[3]生态物权作为他物权，是

---

〔1〕　参见梁慧星主编：《中国物权法研究》，法律出版社 1998 年版，第 136～138 页。

〔2〕　参见高富平：《物权法专论》，北京大学出版社 2007 年版，第 169 页。

〔3〕　善意取得可以广泛的适用于各种权利的取得，包括用益物权的取得。善意取得不依赖于原所有权人的意思，依据法律的角度就可以取得权利，因此善意取得也可视为是原始取得一种方式。

基于对他人之物上生态利益的用益而建立起来，在客体物上已经存在权利的情况下，所有权人创设的新的物权，因此生态物权的取得主要也是从继受取得开始的。

（一）设定取得

设定取得也被称为创设取得，是原来物权权利人在其物权上为他人创设他物权，他人因此而取得物权。他物权主要是通过创设行为而取得，创设取得并不是对于原权利人的权利的完全承继，是原物权的部分权利的承继或是对原权利的限制。所谓创设意味着这项权利在创设行为之前并不存在，而是被创设行为创造出来，是一个从无到有的过程。如地役权是基于地役权合同而在他人土地上设定的一种物权，土地使用权因土地使用权出让合同而在国有土地所有权上创设了一种新的物权。生态物权是针对生态环境的生态利益方面的使用而建立的物权类型，从世界范围来看，作为生态物权客体物的生态环境是由诸多生态要素按照自然规律进行排列和组合，其是一个整体的概念，并不等同于生态要素的个体，而且即使从生态要素个体来看，大多数国家都将绝大多数生态要素规定为国家所有，生态环境作为一个整体概念是自然人得以生存和发展的基础，生态利益作为公共利益的重要组成部分，承载了国家对人民的公共给付与公共服务功能，承载着人民对公共利益的分享与期待。因此无论把生态环境作为个体集合概念还是整体概念，从总体上看生态环境属于全民所有，基于公共信托理论和环境公共信托理论，为了减少纷争，高效地管理和保护公共资源，把生态环境所有权转移给国家，国家作为全体人民群众利益的代表，行使着对生态环境的占有、使用、收益、处分的权利，"这种所有权尽管具有财产属性，却不得保留私益的全部特点，……它的特点是由事物的公共用途决定的，使得行政主体有义务将其保管并用于公用。"〔1〕因此生态物权是他物权，这种物权从无到有呈现出权利的创设过程。

生态物权是具有公权性质的私权，其公权的性质主要体现在权利取得过程中，是由代表国家行使生态环境所有权的行政主管机关将生态利益进行初始分配的过程。目前与之比较类似的是国有土地使用权的出让制度，土地使用权的出让采用合同的形式进行，土地出让合同改变了土地管理过程中僵化的行政管理模式，促进了土地的有效利用、防止了土地的流失。〔2〕但因土地使用权出让合同是行政合同的性质，围绕行政合同所产生的土地使用权的性质问题也发生了激烈的讨论。在国家将土地使用权出让的同时，国家保留特别的权力：单方变更合同的权力和认定对方违法并给予制裁的权力，单方收回土地使用权等。〔3〕从土地使用权出让金来看，其并不是土地使用权的商品价格，国家出让土地使用权也不是为了追求利润，而是因为管理的需要，因此土地使用权出让也是一种行政行为。〔4〕在生态物权的创设过程中，也可采取类似于土地使用权出让合同的方式，由国家机关根据相关社会主体的申请进行合理的划分，这种生态利益的初始分配方式就是生态物权创设取得的主要表现形式。而当前排污权的取得所采取的行政许可方式因生态环境的公共属性，有着存在的合理性，但也容易出现政企合谋下的权力寻租，因此在今后的发展过程中，也可仿效土地使用权出

〔1〕 ［法］莫里斯·奥里乌:《行政法与公法精要》，龚觅译，春风文艺出版社1999年版，第845页。

〔2〕 参见王利明:《物权法研究》，中国人民大学出版社2003年版，第425页。

〔3〕 参见应松年:"行政合同不可忽视"，载《法制日报》1997年6月9日。

〔4〕 参见南路明、肖志岳:《中华人民共和国地产法律制度:土地制度改革及土地使用权出让转让》，中国法制出版社1991年版，第33页;周岩、金心编著:《土地转让中的法律问题》，中国政法大学出版社1990年版，第110~112页。

让合同的方式〔1〕探索新的生态物权的创设取得类型。

（二）移转取得

移转取得是指原权利人将其所享有的权利移转给受让人，受让人因此而取得物权。移转取得是权利人处分权利的行为，是典型的继受取得形式。目前主要的移转取得形式有买卖、赠与、互易，继承也是一种继受取得的方式。不同于创设取得下权利从无到有的过程，移转取得是权利在不同主体之间流转的过程，对于原权利人来讲意味着权利的丧失和消灭，对于受让人而言则意味着权利的取得。如我国土地使用权交易，就是将土地使用权作为交易的客体进行转让，合同相对人因此取得了转让的土地使用权。

生态物权作为具有财产属性的权利类型，其可以自己行使，也可以通过市场机制进行处分以获取相应的经济价值。因生态物权在创设取得过程中存在行政干预，其在转让过程中也受到了行政监管的干预，就目前所采用的市场机制来看，我国并没有仿效美国和欧洲对行政许可后的生态物权进行完全的市场配置，我国采用的是有条件的市场转让机制。这一方面提高了生态利益的使用效率，有效调动了社会主体的积极性；另一方面也有效地防止了市场投机所带来的生态利益的滥用问题，有效地规避了市场失灵的情况出现。生态物权转让制度也可以仿效土地使用权转让制度，通过市场准入制度和市场交易规则的制定对土地使用权转让市场进行合理的规范。

────────

〔1〕 把土地使用权与生态物权进行对比和借鉴，是因为两者之间有很多共同的地方，土地也有基于生存所需要的土地，其主要是由国家通过耕地红线制度进行强制性管理，而土地使用权所指向的土地是基于发展考虑的；生态物权以生态环境的生态利益为内容，生态利益也可分为基于生存需要和基于发展需要的两大类，基于生存需要的生态利益由国家通过生态红线制度予以强制性保护，生态物权是对基于发展的生态利益的利用。

二、 生态物权的取得方式

(一) 基于行政赋权而取得

缺少财产权的制度安排是生态环境问题产生的原因，而财产权缺失的真正的原因并不是财产权对生态环境的遗忘，而是界定的困难。法律的设计是为了增进人们的福利，规范和便利人们对权利的行使，而不是人为地制造成本，带来使用上的麻烦。虽然当前生态环境的生态效用的价值化在科学技术上可行，但过高的成本仍阻碍了财产权在生态环境领域的广泛使用。以美国已经实践多年，并为我国所引进的排污权交易制度来说，其最大的困难就是对于技术和制度的依赖，"在排污费体制中隐含了难以克服的检查和监测问题，这是一个与这些领域还处于原始状态的技术相伴而生的问题"，"主张排污费的人必须面对的真正问题是如何测量或通过某种途径估计各个污染源正式产生的排放量。考虑到那些小型排放源和难以有效地测量其排放量的排放源的数量很大，以及它们对空气污染问题的贡献如此之大，以至于我们根本无法忽略它们的存在，空气污染的问题看起来似乎是个特别难以解决的问题。"因此行政监管在生态利益的分配过程中不能退出，[1]仍是要居于主导的地位，以其雄厚的技术实力和硬件设施来克服在初始分配上的困难。

生态环境是负载了公益属性的特殊物，这一属性决定公用资源具有"公共性"和"公用性"，这就意味着生态物权的设计需要考虑不特定多数人的使用要求。在私权调整的过程中，面

---

[1] 邓海峰教授认为对行政主导为主要特征的排污许可授受模式已经不能适应当代社会的需要，应当采用公、私法相结合的模式，以对"排污权取得原则"的研讨为突破口对其加以扬弃，建议以私法取得为基础、以公法取得为补充的并兼顾公、私法优势互渗需要的排污权取得制度。参见邓海峰：《排污权：一种基于私法语境下的解读》，北京大学出版社 2008 年版，第 108~112 页。

对生态环境与传统私权适用条件不相契合的难题，需要探索在减少订约交易成本的同时增加自由选择的机会，有助于形成公用资源各方达成协议的意思表示机制，竞标、拍卖的形式从表面看来对于社会主体获得生态物权给予了均等的机会，但是中小企业群体的利益却无法得到保障，易出现垄断的情形，当前网约车共享单车的发展说明纯粹的私权调解有市场配置资源的弊端。公益属性决定了生态环境在市场化下，私权制度需突破个体与私有的局限，不特定多数人之公共利益诉求，需引入公权力干预，通过这样一种"束权"安排，以扩展私法的适用空间。

通过分析生态利益被纳入私法的难题，有效地回答了生态物权的设计为什么需要行政赋权。生态环境的生态利益关系到人类能否在一个舒适健康的环境中幸福安全地生活，将其纳入法律的保障不仅是因为其可以量化，具有满足人们需要的有用性，最主要的原因在于生态利益消耗已经持续恶化到危及人类生存的地步。一个个不适宜居住的癌症村出现，对人们造成巨大的心理压力，而且这一切还有继续下去的可能，因此生态利益才被纳入法律的体系，从上而下地推动生态保护。是以综合考虑人们健康安全生活对生态利益所需的底线，以及国家提供生态环境产品的最低品质保证的环境保护义务，国家应当进行适当的必要的干预。虽然公权干预会因为种种原因导致权力与利益的同谋，但是测量的高额成本使生态环境的生态利益难以通过纯粹的私权进行分配，在生态环境利益呈现流动状态和整体状态的情况下，通过行政赋权来催生和确认生态物权是目前可行的方法。

行政赋权是生态物权取得的一种方式，是由申请人根据自身发展状态提出书面的申请，申请使用生态环境的生态利益，经相关部门审查确认后予以认定的一种赋权方式。虽然行政行为无法产生私权，但此时行政主管机关行使的是所有权归全民所有的生态环境的生态利益的管理和处分权。生态物权的母权仍是所有权，并不是行政权。

（二）基于相邻关系而取得

我国生态环境问题在城乡、区域上的反映为生态利益分配的失衡与失范，其解决主要通过地区合作与协同，带动区域的共同发展。但其中没有权利味道，变成了政策下合作，或者区域的一种恩赐。这对于生态利益禀赋优势的地区来说，并不公平。生态利益的分配公平，不仅仅靠政策的引导和行政权力的干预，还要将生态利益禀赋优势转为生态利益的使用权，因此生态物权还可以因地缘优势而取得。当其他区域需要使用该地域的生态利益时，可以通过市场化运作模式来进行，支付相应的对价。

美国的河岸权原则也说明了相邻关系作为权利取得的可行性。所谓河岸权原则是指以河岸的所有权和使用权为依据确认一定区域内的生态利益使用权的归属。相邻关系也可以作为生态物权的取得原则，从而解决当前生态利益禀赋优势无法彰显的社会问题，把统一分配与地方特色相结合，弥补行政配置手段的缺陷与不足。美国河岸权原则不仅适用于毗邻状态下的生态利益分配问题，也适用于森林生态环境、水生态环境的生态物权的取得领域。在相关权利人取得了相关地域的管理权后，其在一定程度上也可以因地缘关系而取得该区域的生态利益使用权。崔建远教授曾以水权为例，分析河岸权原则在水权取得方面的作用。其在生态物权取得场合应该描述为：①河岸权原则适用特定区域的生态环境所产生的生态物权；②该原则项下取得生态物权具有自动、当然生成的属性；③该原则取得生态物权的根据在于地缘关系，不受权利人的行为影响，即依此原则取得的生态物权不受权利人对水流或森林等环境要素是否有实际占有使用关系的影响。

（三）基于其他法律行为而取得

生态物权还可以基于劳动而取得，商品是用于交换的劳动产品，商品之所以具有价值，是因为其中凝结了人类无差别的劳动。因此，劳动是商品价值属性的基础，是价值的真正源泉。劳动作为权利的取得方式，主要适用于所有权领域，高富平教授在《物权法专论》一书中指出，劳动作为财产所有权的取得方式，并没有出现在民法规定中，是因为这是一种财产取得的自然法则，无须写入法条予以明示。[1]社会主体通过从事对生态环境的维护、修复等劳动实践活动，使区域生态环境整体质量得到好转，生态利益得以维系和增进。因生态物权和土地使用权等物权形式不同，生态物权的出现是以生态利益为内容，生态利益随着构成生态环境的要素的变化而发生变化，通过劳动可以改变生态环境内生态要素的组成状态，使其呈现出一种良性的变化，增进生态利益的供给。生态利益的增益部分作为对整个生态环境的添附属于全民所有，但该部分是劳动生产的结果，可以通过技术手段从整体剥离出来单独存在，因此基于劳动，社会主体虽然不能够取得增益部分的所有权，但是其可以取得增益部分的使用权。例如，林业部门可以获取基于新种、补种树木而取得生态物权；个人或企业可以基于从事环境保护事业而获取生态物权。劳动取得主要取得因创造性劳动增益的部分的生态物权。劳动取得作为原始取得，应考虑几个问题：①劳动最终取得成果能够被度量，劳动应具有法律的依据，是

————————

〔1〕　参见高富平：《物权法专论》，北京大学出版社 2007 年版，第 174 页。

合法活动；②劳动取得生态物权应进行行政登记，获得行政确认；③因劳动取得只是针对增益部分的生态物权，对于劳动过程中又产生其他污染的，应从劳动的增益部分中扣除。应当指出，劳动取得原则并非典型的物权取得方式，但是劳动取得原则的法律确认的一个重要原因在于通过此种变通补贴的方式，客观上为环保企业或个人创造一种营利机制和途径，有助于调动不同市场主体向环保项目投资的积极性，也可从根本上扭转环境领域外部不经济性的不利局面。

第二节　生态物权的公示

物权作为对世权，需要通过一定的事实展现出来，知情人的范围决定了对抗效力的效力范围，"物的关系只能对抗公示而知情的人"[1]，因此公示就是物权对抗世人效力的来源。[2]公示就是通过法律预设的方式和规则最简化地证明物权，当前主要有两种方式：占有和不动产登记。占有是对特定客体的物理上的控制或管领，从生态物权的客体生态环境来看，其特定化的过程，需要借助一定的行政手段和技术手段，因此生态物权的权利人对客体的实际物理占有比较难把控，因此生态物权以登记制度为公示方式。

一、生态物权的登记及其公示效力

（一）财产登记制度的出现

财产登记制度是通过公权力保障财产安全，明确财产归属、

---

〔1〕 ［英］F. H. 劳森、B. 拉登：《财产法》，施天涛等译，中国大百科权属出版社 1998 年版，第 3 页。

〔2〕 参见高富平：《物权法专论》，北京大学出版社 2007 年版，第 137 页。

权利内容的一种正式确认，是随着商品经济繁荣，社会生活的复杂，行政权力的扩展而产生的。在人类社会发展的早期阶段，财产是通过占有的事实和价值的判断来显示所有，[1]人们的相互承认和认可就可以产生所有权，国家只是对这样的事实提供权利保护。其后经济发展中权利的膨胀、物的种类多样化、经济风险的增加、对物价值最大化的追求使公权力由末端侵害保护和救济向源头风险的控制和预防转移，国家开始确认物权并核发权利证书。对于某些财产之上的权利而言，占有的事实加上相应的登记才能表征财产的归属和权利的内容。登记是公共权力机关对既有权利状态的如实记载并制作表明权属和客体状态的证书。[2]

　　早期的登记制度主要适用于不动产的范围，根据学者的考证，古埃及时代便已经存在了不动产登记制度，[3]但因其并未被罗马法所接受而归于沉寂，罗马人以特殊的交易方式和占有事实来向社会进行公示，不动产登记制度在日耳曼法中得到了确认，勃兴于中世纪后期，但初始的不动产登记制度不是为了证明权利的存在，而是为了加强行政管理和满足行政征税的需要，这对于不动产的持有人而言也意味着其权利的事实得到了国家的认可和确认。在国家公权力的干预下，日耳曼的辖区内，主要的土地所有人如教会、寺院形成了记载并保存其不动产情况的惯例，据布兰尼兹考证，在 1135 年科罗尼亚（Colonia）市已经开始建立土地交易的档案[4]。德国法继承了罗马法的规

---

　　〔1〕　参见马栩生：《登记公信力研究》，人民法院出版社 2006 年版，第 6~13 页。

　　〔2〕　参见高富平：《物权法专论》，北京大学出版社 2007 年版，第 150 页。

　　〔3〕　参见郑玉波：《民法物权》，三民书局 1989 年版，第 28 页。

　　〔4〕　See Luis Diez-Picazo, *Fundamentos desDerecho Civil Patrimonial*, Espana：Editoral Tecnos, 1978, p. 253.

定，交付成为财产转让的主要手段，因此产生了交付和登记两种转让方式。随着他物权体系的发展，物的利用形式的多样化，所有权的各项权能的分离，交易登记慢慢成为一种权利的登记。不动产抵押下无法通过物的转移占有来保障权利的实现，需要借助法律的强制和权威保障抵押人履行义务，登记便是在这一时期，因不动产抵押而成为一种权利的证明，其后发展到整个不动产的所有权的登记。登记也使其由早期的征税的依据，变为一种权利证明，登记使人们清楚地发现财产的归属和财产上权利的种类与内容，既保障了交易的安全，也使权利人拥有了对抗世人的权利。

在进入现代社会以后，物权中物的种类不断扩展，空间、自然力等诸多无形的财产被纳入了物的范畴。抽象的权利客体和模糊的权利边界，需要借助登记制度来明晰权利的内容，登记制度在法律规定和社会生活中突破了不动产领域，向动产和无形财产等其他财产领域扩张。在动产领域，我国几乎所有的交通工具都需要登记，在无形领域，地上空间、自然力的适用也需要进行财产登记来明晰物的归属和权利内容。

相对于所有权的登记制度，用益物权虽以占有为基础，但这种有权占有无法显出其所有的权利，用益物权只能借助于书面权利凭证来表征其权利的内容，由于大多数用益物权以不动产为基础而设立，所以登记是用益物权发生效力的前提，在我国土地使用权的设立不仅在于对土地的用益性，更在于这种用益物权可以转让，土地使用权登记簿不仅起着公示权利人物权的作用，还可据此推定登记簿上的权利人享有真正的物权的效力。

（二）生态物权登记制度的适用

生态物权是一种特殊的物权形式，作为准物权的一种的新的类型，以行政赋权作为权利取得主要途径，因其权利客体的特殊性，需要借助时空结合观来确认权利所指向的客体的特定性，借助技术手段来支配和利用权利客体。因此在当前这种情况下，其也可以参照可转让的土地使用权制度，建立生态物权的登记制度，以登记簿的内容来显示生态物权人的权利边界和权利内容，同时也可据登记簿的记载使生态物权具有真正的物权效力。据我国《物权法》第16条的规定："不动产登记簿是物权归属和内容的根据……"与以占有事实进行公示不同，登记公示依赖于生动而丰富的文字信息的记载，可以记载权利的内容、客体的时空范围、权利主体等，也可以记载权利之上所存在的负担。[1]因此登记公示的方式是当前物权公示的最佳方式，而且这种方式目前已经突破了不动产领域，向动产领域和特殊财产的领域扩张，理论上登记制度可以作为任何权利公示的方式，但有不同财产有着不同的特点，登记主要适用于价值较大，流通不便的不动产领域。一方面生态物权以生态利益为内容，其内容一旦被滥用或者过度使用就会危及人类生存所需的最低保障，另一方面生态物权的生态利益的价值衡量具有很强的技术性色彩也需要公权力干预进行分配和配给。因此从生态物权客体的自然属性和权利中的公权色彩来看，相对于占有公示而言，生态物权的公示应以登记制度为宜。

在各种公示方式的选择过程中，除考虑财产本身的自然属性外，还应考虑财产的价值大小和交易的频繁与否等几个方面的因素。[2]生态物权的价值从权利内容来看，是企业生存的基

［1］ 法国学者莱维："历史证明，抵押权导致了不动产物权的设立和变动的公示制度。"转引自尹田："论物权的公示与公信原则"，载《民商法论丛（第26卷）》，金桥文化出版有限公司2003年版，第268页。
［2］ 参见屈茂辉："物权公示方式研究"，载《中国法学》2004年第5期。

础，对生态利益的消耗性使用是企业经济追求得以实现的根本，相对于不断发展的经济规模和高速增长的企业数量来说，生态环境的结构张力和涵摄力使生态利益总体供给在一定时间趋于稳定，生态利益的供给和需求长期处于一种紧张的状态，这也是政府监管的原因，通过宏观调控使两者之间保持一定的平衡，因此在基于发展所需的生态利益范围内，生态物权的价值较大，数量比较少，因此从价值上判断生态物权应该以登记的方式进行公示。交易的频繁与否也与物权公示方式的选择有着密切关系，一类事物的交易频繁，那么物权公示方式就应当选择最利于交易的规则，因生态物权的总体数量较少，价值较大，而且在消耗性的生态物权转让过程中，其主体受到一定程度的限制，其总体交易频繁度受限。因此从生态物权的客体的自然属性、价值的大小和交易性来看，生态物权在总体上应当采用登记公示的方式进行。

　　登记簿可以全面而详尽地记载生态物权的有关信息，可以作为权利人享有该项权利的法律依据。生态物权登记因公权力的干预而使公示具有普遍性和绝对性，依法记载在登记簿上的内容被推定为正确，无论他人是否知情，都推定其知情，发生公示的效力，基于对登记簿记载内容的信任而发生的交易受到法律的保护；无论生态物权是原始取得还是经过法律行为的继受取得，登记制度使生态物权都具有绝对的公信力。相对于占有公示的公信力受限而言，登记公示具有很强的公信力，既是国家权威的体现，也是对登记真实性的保障。登记过程中的公告期间督促相关权利人积极履行权利，从而保障了登记信息的真实性和准确性，因此"公示原则，微观上通过提供公开、统一、法定的信息，指引当事人确认权利实像，提高物权变动的效力，降低社会成本；宏观上，公示原则为国家对房屋土地等重要资源实行有效的控制和管理提供了条件。从法学技术层面来考察，公示原则于物权变动中维护着物权的排他性、对世性等基本特性，排除双重买卖、义务夺权的现象的发生"[1]。生态物权以登记为公示的方式，登记公示除具有静态的公信力之外，登记对于生态物权移转、变动也有影响。以登记为生效要件还是对抗要件形成了物权变动中重要的规则：登记生效和登记对抗，但这都是登记对物权行为效力的识别和判断，对于登记之后的公信力没有直接的影响。对于生态物权来说，因生态物权在取得方式上的多样性和内容上的复杂性，对于生态物权而言，登记生效便于国家对于生态物权进行统一的监管，也可促进生态物权人积极行使和主张自己的权利，权利的边界更加明晰。

二、 生态物权的权利证书及其证明效力

（一）生态物权的权利证书

权利证书是权利人享有该项权利的法律凭证，其上记载的内容具有法律效力。[2]生态物权作为一种具有公权性质的私权，主要也是体现在其权利的取得方式上，主要来自国家的授权和许可，类似在城市土地使用权的取得过程中，由国家相关行政管理部门对申请使用土地的主体进行审查后，以招投标等市场机制进行配置。在生态物权的取得过程中，以证照的形式作为权利证书也是其主要的外在权利表征。

从消耗性生态物权来看，当前各国多采用了许可的方式进

---

〔1〕 孙毅："物权法公示与公信原则研究"，载《民商法论丛（第7卷）》，法律出版社1997年版。

〔2〕 参见金桢淳、夏任："浙江省不动产权利证书的管理系统的概况与建议"，载《浙江省国土资源》2017年第8期。

行资源的配置。美国在污染防治的过程中，把生态环境的改善与财产权相联，所有适用于环境保护的方法都是基于财产权而建立起来的，[1]自1972年《联邦水污染控制修正案》确立了水污染防治过程中以水质为依据的许可证制度，许可证制度就作为美国污染控制的主要制度得以广泛地适用。随着经济的发展，这样的污染许可证之上的财产利益被发现，实践中用于交易的许可证出现，20世纪80年代《清洁大气法》以法律的形式确认了可流通的许可证制度，[2]这是一种完全的市场化配置，其对于交易主体没有限制。[3]可流通的许可证制度融合了公共财产权和私人财产权的特点，调动了企业环境保护的热情，促进了环境质量的改善。澳大利亚早在1970年就通过环境保护法令确认了许可证制度在污染防治领域的适用，[4]在许可证发放过程中虽然也可以收费，但这种收费是为了满足管理许可证的机构的日常开支，并不是为获取使用生态利益而支付的对价。

　　生态环境问题将会长期伴随着人们生存和发展，其治理是一个长期的过程，需要持续的技术、人员、经济的投入，调动各方的积极性，形成生态全民共治局面是生态环境治理的理想图景。生态环境治理过程中的财政压力使环境治理应当探索和寻求多样的治理方式，缓解政府的财产压力。而根据美浓部达吉

---

　　〔1〕　参见〔美〕丹尼尔·H.科尔：《污染与财产权》，严厚福、王社坤译，北京大学出版社2009年版，第2页。

　　〔2〕　参见〔日〕大塚直："排污权制度的新展开（日文版）"，载《法学家》2000年第1171期。转引自邓海峰：《排污权——一种基于私法语境下的解读》，北京大学出版社2008年版，第137页。

　　〔3〕　在美国的排污许可交易制度中，其排污许可可以转让给其他的排污主体，也可以转让给那些用来投机的主体或环境保护组织。参见祝兴祥等编著：《中国的排污许可证制度》，中国环境科学出版社1991年版，第13~18页。

　　〔4〕　See Right in Water and Irrigation Act〔Z〕1914（WA），ss. 12（1），13（1）and 26D（3）.

在《公法与私法》中的阐述，公权行为也可以产生私法行为，[1]
类似的限制物权等形式已经出现。许可证是对私主体从事某种
行为的资格赋予和授予，而从行为的角度来看待法律权利时，
法律权利也可以被视为是法律主体从事某种行为的能力，因此
许可证制度从私法的视野来看，也可以作为一种权利的来源。
在日本，私权中的典型代表渔业权，也是一种私权，日本《渔
业法》第 7 条明确规定"渔业权等于物权"，但渔业权也来自于
国家赋予。因此许可证制度也可作为生态物权的制度载体，作
为权利主体使用生态利益的法律依据，其上记载的信息承载着
生态物权的内容，表征着生态物权的存在。

　　生态物权的权利证书是行政机关赋予的，也是行政机关基
于生态环境的管理权限对于生态利益使用权益所作的划分，其
与登记制度一起构成了生态物权的法律实现制度。相对于登记
制度对权利主体的公示意义而言，权利证书对权利主体而言意
味着权利行使的边界和内容。但是权利证书与登记簿的记载因
种种原因，也会发生偏差，那么此时因权利证书知情群体的有
限性，而应以登记簿的记载为准，权利证书作为证明其事实权
利存在的法律依据。

　　（二）权利证书的证明效力

　　证明被广泛地使用于日常生活中，其在人文社会科学和自
然科学领域中也大量存在，所谓证明是指综合利用多种手段和
材料去阐释和论证某种观点与事实的正确性或真实性。[2]公示
的公信力推定了物权的合理合法存在，使物的交易更加简洁，

<hr>

〔1〕　参见［日］美浓部达吉：《公法与私法》，黄冯明译，中国政法大学出版
社 2003 年版，第 160~172 页。
〔2〕　参见江伟、肖建国主编：《民事诉讼法（第七版）》，中国人民大学出版
社 2015 年版，第 191 页。

免除了证明权利真实性的负担，提高了交易的效率。生态物权的登记公示，虽然具有普遍性和绝对性，但作为一种表征物权内容的制度，登记仍是一种权利的推定。因登记过程的疏忽或其他的原因，如涂改、篡改、伪造等，登记簿上记载的信息未必都是准确无误的。因此对于登记公示，法律上也规定了救济的制度，事实上的权利人可以提供证据证明自己是真正的权利人，从而否定登记簿上记载的信息的效力。

公示是从第三人的视角审视生态物权的，证明则是权利人证明其权利真实有效的过程。登记公示因公权力的干预和正当程序的设计而具有绝对性和对世性，登记是讲究外观现象和形式的一种制度，在一定程度上，法律更注重保护形式而不是事实，[1]虚假和错误的公示因善意取得也能够产生公信力证明了这点。因此要否认登记公示的权利内容，恢复事实的原来面貌，必须拿出证实自己是真实权利人的各种证据，证明公示的错误，进行权利的登记变更，使事实上的权利和公示的权利归于一体。在这一过程中，权利证书就是关键的证据，具有证明的效力。从权利证书的来源看，生态物权的权利证书是由行政机关授予的书面权利凭证，虽然权利证书更多是从实体方面规定生态物权，以其记载的内容表征权利的内容和边界，但其同样具有公示的意义，以其对权利的实际占有对抗着非权利人。虽然以占有形式进行公示，其知情人范围较窄，导致公示的公信力范围有限，但作为行政的公权文书，其会让权利人和第三人基于公权的权威而产生内心的确认，而且在客观上该权利证书也宣告了权利行使的合法性，因此即使在权利证书与登记簿不一致的情况下，权利主体据权利证书行使权利，并据此获取相应的收

---

〔1〕 参见高富平：《物权法专论》，北京大学出版社 2007 年版，第 157 页。

益时，根据信赖利益保护原则，也应该给予法律的承认。

因此权利证书的证明效力不仅包括了证明生态物权的真实性、合法性，也包括了证明权利人行使权利和据此收益的合法性。登记是从动态意义上分析物权变动行为的效力规则，公示是从静态意义分析物权登记的公信力问题，权利证书是从实质意义上看待权利的归属与内容。在生态物权基于法律行为发生变动时，应以变更登记的方式进行公示之外，还应重新核发新的权利证书。生态物权不仅在静态意义上存在，其价值的实现更要依赖于动态的物权行为，因此权利证书、登记公示等共同构成生态物权的物权变动规则，体现了实质公平和形式公平之间的妥协。

第三节　生态物权的行使

"权利是去做、去要、去享有、去据有、去完成的一种资格。权利就是有权行动、有权存在、有权享有、有权要求。"[1] 生态物权的取得意味着权利人取得行使某种行为的法律依据和保障，标志着权利人具有行使权利的资格和可能，是一种纸面上静态的权利，生态物权的行使则是权利人依照权利证书所记载的内容，依照一定的程序或方式，将纸面的权利变成一种现实的权利，从而获取收益的过程，因此生态物权的行使是权利价值实现的动态过程。

一、　生态物权的行使方式

对于权利人来说，生态物权的法律赋予只是一种可能和资

---

[1]　[美]麦克洛斯基：《权利》，1965年版，转引自夏勇：《人权概念起源》，中国政法大学出版社1992年版，第46页。

格，生态物权的公权色彩并不能改变法律权利本身所具有的自由和意志的因素，权利人可以根据自己的主观意志来选择是否行使权利以及以何种方式来行使权利。"法定的权利，不论是私人的或国家、市镇等公共的，原先就称之为'自由'……每一部真正的法律就是一种自由。"〔1〕生态物权的行使方式，是权利人实现生态物权之上的财产利益的手段，是权利人自由选择和意志表达的方式，"用什么词来表达人的表现的权利……这个抽象的词，就是自由。自由就是有权行动。"〔2〕权利的实现也有两个核心要件：权利人主动地积极地作为和他人对权利人利益的承认与同意。〔3〕生态物权的行使是权利人自由意志的结果，从当前对于权利行使的分类来看，主要有直接行使和间接行使两种方式。

（一）生态物权的直接行使方式

生态物权是财产权，是以生态环境之上生态利益的使用和收益为内容的权利，作为一种私权体系的财产权，生态物权的行使可以为权利人带来经济上的收益和生态方面的享受。因生态物权内容的广泛有用性，生态物权成为经济发展过程中应当考虑的关键因素，工业生产、农业生产和生活休闲等社会生产生活的方方面面都离不开生态物权的支持。而生态环境之上可用以发展的生态利益的有限性与需求的广泛性之间的紧张关系，使生态物权处于一种供小于求的市场局面。因此在经济利益的实现过程中，就当前的资源市场配置模式来说，权利人可通过

〔1〕 周辅成：《从文艺复兴到19世纪资产阶级哲学家、政治思想家有关人道主义人性论言论选辑》，商务印书馆1966年版，第681页。

〔2〕 ［法］皮埃尔·勒鲁：《论平等》，王允道译，商务印书馆1988年版，第12页。

〔3〕 参见李拥军、郑智航："从斗争到合作：权利实现的理念更新与方式转换"，载《社会科学》2008年第10期。

将生态物权作为资本要素进行投资，通过生态物权的行使、生态利益的消耗将其转化为经济价值；权利人也可以直接通过排放对环境有不利影响的物质和能量来消耗生态物权之上的生态利益；还可以将其进行转让，通过价格机制和市场规律实现其经济价值。生态物权的行使可以给权利人和第三人带来审美的价值、休闲活动的场所等，这种主观感官的享受也可以转化为经济方面的收益。目前市场上已经有"新鲜空气"被明码标价，[1]清洁的空气、天然干净的水等生态要素的生态效用正在不断走向商品化，这既丰富了生态物权的实现方式，对于生态环境保护来说，也是积极的有利的影响。

（二）生态物权的间接行使方式

无论是直接行使还是间接行使都是权利人的自由，在经济发展过程中，经济方面的因素成为衡量大多数社会领域的重要内容，由实物本位向价值本位转变的物权法，也在积极探索和寻求物的多元多极利用方式，物权的各项权能内容在法律体系不断健全的过程中，也出现了分离，将权利的部分或者全部内容交由他人来行使，权利充分行使的同时也保障权利的经济收益的实现。所谓间接行使是权利人通过委托授权、委托代理、租赁经营等方式将生态物权的部分或全部内容交由其他主体行使的方式。[2]从当前经济发展和现代物权发展历史来看，权利之间的分离和权利内容的充分行使是权利发展的重要内容，在健全的法治环境下，权利人行使权利，也可以间接占有的方式进行。

---

〔1〕 参见"活力氧新鲜空气氧气罐头人民币 18 元一瓶"，载 https://detail. 1688. com/offer/68490962. html？spm = a261b. 8768596. 0. 0. 7972445eg9T8sZ，最后访问时间：2018 年 3 月 20 日。

〔2〕 参见蔺翠牌："关于国有资产所有权代表及其权利行使方式的思考"，载《中央财政金融学院学报》1994 年第 6 期。

二、 生态物权的行使原则

在同一时间同一空间范围内会存在几个生态物权，在生态环境的构成要素发生变化不足以保证这几个权利都能实现的情况下，权利的竞争关系就会出现，因此生态物权之间的逻辑自洽和和谐是生态物权能够有序行使的基本准据，生态物权的顺位问题也是其应当考虑的首要问题。

（一）生存生活优先原则

美国学者亚布拉罕·马斯洛在《人类激励理论》提出了人类需求层次理论：生理上的需要，安全上的需要，情感和归属的需要，尊重的需要以及自我实现的需要。所谓生理上的需要也是基于生存的需要，不能满足的话人类将无法健康地活着，生理机能无法正常运转，这也反映在法律当中。当今社会是一个利益杂合、权利膨胀的社会，各种新型的社会利益不断被发现，新型事物层出不穷，但在法律体系中，各种利益的位阶并不相同。在对生态物权进行类型化研究的过程中，根据生态物权的用途进行区分，把生态物权分为生活用生态物权、农业用生态物权、工业用生态物权、生态用生态物权等，当这些不同类型之间的生态物权发生冲突时，就要参考以下几个方面的标准：①与基本法律价值相联系的有关个人的生命、健康的联系程度。法律利益谱系并不是一个平等的层级，其也有自己的内在结构和层级划分，一般来说，人格利益要优越于财产利益，而生命健康等物质性人格利益要优于精神性人格利益，利益的层级也决定与之相应的权利的位阶，各国法律都将生命健康权确定为公民最基本、最重要的权利，如英国法中人身保护令比占有返还诉讼的保护力度更大。[1]②与人格尊严的联系程度。人格尊严是人之为人的基本条件，是人作为社会关系主体的基本前提。

人权作为法律的基本价值，生存权更是人权体系的基本价值，生存权的保障是人能够有尊严地活着的前提，而作为生态物权的内容的生态利益直接关系到人类基本的生存问题，因此生态物权在设计之初便把基于生存所需的生态利益排除在外，只以人类发展所需的生态利益为设计初衷，但是因为生态环境是一个动态的平衡，处于不断的发展变化过程中，其组成因子在量上的增减可以影响生态利益的供给，而生态物权也可能因为自然灾害事件、人类的破坏行为导致利用上的限制，在总体生态利益供给短缺情况下，生存的需要就排在首要位置。因此生存利益的保障是生态物权行使的权利边界。在权利行使过程中，生活活动相对于生产活动而言，是每个人都进行的日常性活动，生产活动的进行则是为了满足人们生活所需的物质材料，两者之间生活优位，这也是当前法律形成过程遵循的重要原则。庞德认为，有关个人生活的利益是最重要的一种利益，这是从众多社会成员的角度而言的。[2]《中华人民共和国水法》（以下简称《水法》）第 21 条规定："开发、利用水资源，应当首先满足城乡居民生活用水，并兼顾农业、工业、生态环境用水以及航运等需要。"因此可以说我国水的使用序位是按照水的多样性功能进行排列：生活用水、农业用水、工业用水、生态环境用水和航运用水，遵循了先生活用水再生产用水，先农业用水

---

〔1〕 See J. A. Weir, "Abstraction in the Law of Torts", *15 City London Law Review*, 1974, pp. 15~20.

〔2〕 参见马汉宝：《法律思想与社会变迁》，清华大学出版社 2008 年版，第167 页。

后工业用水的序位。生活用水对于人的生命健康和尊严的实现来说有着重要意义，"水是生命之源"，许多癌症村的出现都与当地的水源污染有着密切关系，因此在用水序列上生活用水排在了第一位，这也是生存利益高于财产利益的表现。

（二）公共利益优先原则

生态物权作为私权，其在与公共利益发生冲突需要权衡时，两者之间何者优先的问题也是在权利设计过程中需要考虑的内容。目前就个体权利与公共利益之间的权衡，哲学家一般认为公共利益不能成为压倒权利要求的理由，个体权利是公权力干预社会生活的底线。[1]"并不存在拥有利益的社会实体，这种社会实体能够为了自己的利益而承受某些牺牲。存在的只是个体的人……为了其他人的利益而利用权利的边界的个人，仅此而已……以这种方式利用一个人就是没有充分地考虑和尊重这个事实，即他是一个个别的人，他的生命是他拥有的唯一生命，他并没有从他的牺牲中得到某种超值利益，而且任何人都没有权利将这种牺牲强加在他身上——其中最没有权利这样做的就是国家和政府。"[2]美国著名法学家德沃金对此也认为不能"仅仅根据对这种行为可能为社会带来整体利益的判断，政府就有权采取这种行动。"[3]个体权利优先可以有效限制政府的权力，防止以公共利益之名，行侵害个体权利之实。但每个人都不是孤立的个体，英国诗人约翰·多恩在《没有人是一座孤岛》中写道："谁都不是一座孤岛，可以自成一体，每个人都是那广袤大陆的一部分。任何人的死亡，使我受到损失，因为我包孕在人类之

〔1〕 参见田广文："权力的边界"，载《哲学动态》2014年第5期。
〔2〕 ［美］罗伯特·诺奇克：《无政府、国家和乌托邦》，姚大志译，中国社会科学出版社2008年版，第39~40页。
〔3〕 ［美］罗纳德·德沃金：《认真对待权利》，信春鹰等译，中国大百科全书出版社1998年版，第253页。

中。"人的社会性也是人区别于其他物种的原因，既然人是社会的人，那么社会公共利益就与每个人相关，公共利益的选择性忽视最终也会导致个体利益的损失，但是理性经济人的假设使个人在面对公共利益时并不会主动采取行动，"除非一个集团中人数很少，或者除非存在强制或其他某些特殊手段以使个人按照他们的共同利益行事，有理性的、寻求自我利益的个人不会采取行动以实现他们共同的或集团的利益。"[1]生态物权作为私权，其以生态利益为内容，具有明显的外部性，不当利用就会导致公共利益的损害，因此公权力不仅在权利取得过程中具有决定性的因素，其在权利的行使过程中，也有监管的权力。社会公共利益较之于个人利益，具有明显的易受损性，因此在两者之间发生冲突时，应优先考虑公共利益。

（三）生态健康优先原则

生态环境是一个由多个元素有序排列构成的系统和整体。20世纪80年代后，随着生态环境问题的凸显和环境高风险阶段的来临，全球生态环境的病态发展[2]，使生态环境与健康相联，引起学者和公众对于环境保护的共同关注，从而沟通了决策者与公众之间对于生态环境的认识，唤起社会的环境保护热情。所谓生态健康是指生态环境的结构和功能的良好。[3]生态健康以整体论和系统论的视野去分析生态环境"病变"，并寻求解决生态环境问题的方法，改变"头疼医头"的末端治理模式，给生态环境问题的根治和环境管理带来新的思维模式。"如果生

---

〔1〕〔美〕奥尔森：《集体行动的逻辑》，陈郁等译，上海人民出版社1995年版，第2页。

〔2〕See Rapport·D·J, "Biosphere in Distress", *World and I*, Vol. 15, No. 4, 2000, pp. 142~151.

〔3〕参见张志诚、牛海山、欧阳华："'生态系统健康'内涵探讨"，载《资源科学》2005年第1期。

态系统健康能够以一种可操作的方式定义下来，这样的话生态系统的健康程度就可以根据客观的，至少是部分客观的指标度量出来了。"[1]国内外学者也围绕生态环境健康的评价指标体系的建立进行了深入的探讨，取得了丰硕的成果：李春晖等以实证研究方法对生态特征和功能作用进行了分析[2]；袁菲等基于干扰理论进行了分析研究[3]；蒋卫国等以"压力—状态—响应"模型进行了研究[4]。从广义进化论的视角，因生态环境对人的意义和其自身所蕴含的内在价值，生态健康被视为去病化的过程，尽量减少对生态环境的损害。生态物权并非建立在生态健康的基础上，作为权利设计其并不是生态环境应当享有的权利，而是人的权利，其以人的健康和发展作为参考依据，但人的健康并不等于生态环境的健康，虽然生态环境的健康对于人的健康有着重要的作用，但两者并不相同，生态健康基于生态本身的结构和功能进行考虑。生态物权在行使的过程中，以权利客体利用最大化为价值目标进行制度构建，权利的行使给生态环境整体状况带来不利影响，这种影响应当限制在生态环境结构和功能稳定的许可范围内，避免出现生态环境的病变。从利益衡量的角度来看，生态环境的去病化的经济成本与生态物权行使所带来的经济利益相比，生态环境的治理成本也远远超过了权利行使的收益。因此在行使生态物权的过程中，当自

---

[1] Rapport · D, "Defining Ecosystem health", in Costanza R. Epstein P. R. etal eds., *Ecosystem Health*, *Rapport D*, Malden, Massachusetts: Blackwell Science Inc, 1998, pp. 18~33.

[2] 参见李春晖等："衡水湖流域生态系统健康评价"，载《地理研究》2008 年第 3 期。

[3] 参见袁菲、张星耀、梁军："基于干扰的汪清林区森林生态系统健康评价"，载《生态学报》2013 年第 12 期。

[4] 参见蒋卫国等："洞庭湖区湿地生态系统健康综合评价"，载《地理研究》2009 年第 6 期。

然灾害或者人类行为导致生态环境健康面临临界点时，也要优先考虑生态健康问题，毕竟稳定和运行状态良好的生态环境才能为人类生存与发展提供源源不断的生态利益供给。我国《水法》第 21 条第 2 款同时也说明，在出现紧缺用水的情况下，要充分保障生态用水，将生态环境用水的位序前移，也是基于生态环境整体的考虑。

第五章
生态物权的实现

　　权利分为应有权利、法定权利和实有权利，应有权利通过广义上的立法程序成为法定权利，法定权利通过各种制度体系的综合作用成为实有权利。[1]理论上生态物权的概念证成和运行规则的设计，也通过法律规范的制定，由应有权利上升为法定权利，最终成为民事主体所享有的实有权利。生态物权是环境法和民法交叉融合的产物，其法律实现也要借助环境法和民法的规定来进行。环境法作为一个开放的法律体系，物权制度在环境保护中的适用也符合了第二代环境法发展的进化之路；物权法对准物权等新型物权的确认，也引领了物权法发展的新思维。因此生态物权制度包括了环境法律制度的内容，也包括了民事法律制度的内容。

第一节　生态物权的立法选择

　　生态物权是环境法与民法交叉融合的结果，其私权性质决定了其准用民法的规则，其公权色彩又使生态物权的取得行使不能脱离公权的干预。生态物权既是环境法分化与进化的选择，也是民法对生态利益进行规制的结果。因此在生态物权的法律实现过程中，立法模式和立法步骤都是需要考虑的首要问题。

---

　　[1]　参见吴睿："法定权利实现的理论模型之建构"，载《前沿》2013年第14期。

一、　生态物权的立法模式

立法模式是立法的技术性问题，相当于立法体例的设计。[1]生态物权作为一种新型的物权类型，一旦生态环境的国家所有权得到确认，那么生态物权的立法就会提上日程，具体的生态物权的法律规定应当采用何种的立法模式是值得研究和探讨的问题。因生态物权是民法和环境法交叉与融合的产物，既具有民法的特征，也具有环境法的特征，其法治化的过程可以借助两个法律部门的规范予以体现，因此就生态物权的立法模式这一问题形成了以下几种观点：

（一）环境法予以规定的模式

在目前的法律体系中，环境法是生态利益配置的主战场，生态物权作为以生态利益为内容的物权形态，因生态利益的特殊性，生态物权从取得到行使、甚至是权利的消灭都不脱离公权力的监管。公权力对生态物权的全程参与，生态物权对公权力的依赖，使得生态物权在没有得到物权法认可的情况下，可以以环境法法律为主进行生态物权的建构，通过行政赋权或行政确权手段将生态利益的使用权分配给不同的社会主体，然后按照市场化运作的模式进行，类似于当前存在的排污权的制度设计。这种立法模式避开了生态物权设计时所遭遇的障碍，不用考虑其他部门法的态度，也比较具有可操作性。将物权制度作为一种手段运用到环境保护当中，[2]这也符合环境法开放的

---

〔1〕　参见徐向华主编：《立法学教程》，上海交通大学出版社 2011 年版，第 300 页。

〔2〕　杜寅博士认为可以避开静态的物权设计，使用物权的动态交易安全来保障环境生态惠益的分配问题。参见杜寅："环境生态惠益的物权化研究"，载《中国地质大学学报（社会科学版）》2016 年第 4 期。

精神和发展的趋势。但是这种立法模式的弊端也十分明显，物权变动规则的适用前提在于静态的权利设计，而这种立法模式不谈静态权利类型，容易就权利存在与否的问题发生争议，演化为一种行政许可的物权法规则适用问题，那么行政许可与物权之间是何种关系又会陷入争议漩涡。在环境法发展的过程中，排污权的法律性质为何一直存在着争议，虽然排污权交易制度已经进入市场化运作阶段，其争议却仍未停止。避开物权法的静态权利设计，更是彰显了环境法的特殊性，但却使环境法与传统部门法之间的嫌隙越来越大，误会进一步加深，使环境法偏离了法律体系这样的统一协调的范畴。因此应当在法的终极价值指引下，探索环境法的人文关怀与物权法的环境关怀之间的融合，实现环境法与传统私法体系之间的衔接。

（二）物权法予以规定的模式

作为财产法体系基础的物权法，其在资源配置方面所确立的基本规则，无论是当前经济资源的合理分配和使用还是生态资源的合理分配和使用都有适用的空间，而且物权法的生态化标示着物权法已经可以在环境保护领域中发挥重要的作用，通过资源的配置引领人们的行为，形成十九大报告所提倡的绿色的生产方式和生活方式，形成绿色消费。而且物权法已经将其在生态化过程中的成果通过法律的形式予以固定，对重要生态资源的国家所有权的确认，对准物权的承认，[1]这些已经为生态物权的物权法确认积累了经验。民法总则中绿色原则的确认更是为物权法接纳新的权利类型拓展了空间。

生态物权作为一种新的物权类型，是环境时代物权法应对生态危机的结果，也是生态环境的生态利益彰显的结果。其以

---

〔1〕 参见吕忠梅："如何'绿化'民法典"，载《法学》2003年第9期。

生态环境为客体，具有明显的物性。虽然生态环境的物性在当前主要表现为公共用公物的属性，并不具有传统物权所要求的特定性，在一定程度上也不符合一物一权的要求。但是在准物权的物权法确认过程中，对于这类准物权的客体特定性和一物一权的要求，通过时空结合观和弹性的认定标准都能够得以解决，生态环境的特定性和生态物权的特殊性也可因此得到解决，而土地使用权的取得和行使的过程，也为生态物权在物权法的权利取得和设计确立样本和范式。因此生态物权可以直接在民法中得以体现，通过民法来予以规定。

通过物权法来进行直接确认，可以妥善地解决生态物权的法律性质问题，将生态物权与传统的物权类型进行良好的衔接和融合，表明了物权法积极探索、勇于开拓的态度和接纳新事物的胸怀，也标志着物权法人文关怀和环境关怀的统一。但是生态环境毕竟是公共物品，生态利益也终究是公共利益，其并不能完全脱离公权力的监管。当前比较成熟的土地使用权的取得和行使过程说明了公权力的重要性。而物权法作为私法的代表，除了权利不得滥用原则以及公共利益之下的征收征用外，一般情况下公权力干预仅出现在物权受到侵害需要救济和保障的场合，因此仅仅依靠物权法予以确认生态物权无法解决权利的取得和行使过程中的公权力干预的问题。

（三）"环境法+物权法"进行综合规定的模式

生态物权作为环境法和民法交叉与融合的产物，单独在环境法中确定会造成对权利性质的争议和使用物权规则的困难，单独在物权法中规定也无法解释权利取得和行使过程中的公权力干预问题，因此生态物权的法律实现可以采用环境法确认权利取得，物权法确认权利保护和权利运行的方式，实现环境法与物权法之间的无缝衔接，通过公法与私法的合力形成生态保护的乘数效应。[1]

"环境法+物权法"的保护方式并不是生态物权的首创，在物权法发展过程中，其对于准物权的确认问题就采用了"物权法+"的方式进行。《物权法》第 122 条和第 123 条对海域使用权和探矿权、取水权、渔业权、捕捞权等准物权类型的物权法确认就是采取了这样的立法模式，对于这些准物权类型的取得分别由其他的法律予以规定，权利运行则按照物权变动规则进行规范。这样对权利的设计分别规定，从各自的法律定位和法律价值上进行权利相关层面的构建，也使法律之间的融合可以有序地运行。这对于当前正在形成自身理论内核和精神价值的环境法而言并没有太大的难度。环境法对生态环境之上生态利益的使用权的分配已经具备成熟的体系，从实质正义到程序正义，从行政监管到社会监管都有章可循、有据可依。因此，"环境法+民法"综合规定模式的困难在于民法对生态物权的法律确认。是以下文将围绕生态物权在民法中的确认问题展开分析和讨论。

二、 生态物权的立法步骤

（一）生态物权法律实现的社会基础

自生态危机出现以后，民法生态化是民法学者关注的热点问题，除物权法领域之外，另一个私法手段在环境法中的运用主要体现在环境侵权制度，这也是当前以民法为代表的私法体系与环境法融合的主要领域。2009 年制定的《侵权责任法》专设第八章"环境污染责任"[2]，2015 年最高人民法院的司法解

---

〔1〕 参见陈文："生态物权研究"，黑龙江大学 2011 年博士学位论文。
〔2〕 参见张新宝、庄超："扩张与强化：环境侵权责任的综合适用"，载《中国社会科学》2014 年第 3 期。

释对《侵权责任法》第八章的规定予以细化和具体化[1]。立法实践和理论研究推动民法绿色化和生态化的思考，这也为生态物权法治化的进程形成了良好的氛围。

2017 年 10 月实施的《民法总则》中对绿色原则的确认，既是对民法绿色化研究成果的集中体现，也开启了民法生态化的新篇章。作为民法的基本原则，绿色原则的确立为自然资源权属和监管体制改革奠定基础，也为协调环境资源立法中的民事法律规范提供指引。[2]导致生态环境问题出现并不断恶化的原因不仅是政府失灵，还有市场失灵，因此在生态环境治理的过程中，环境保护领域立法涉及了传统民法已有规定的领域，而民法的保守和闭合使这样的一些规定与现有民法规定产生了冲突和抵牾，造成了法律适用上的失调，导致了法律部门之间的协同的困难。[3]绿色原则的确定为协调两法指明了方向。绿色原则作为民法的基本原则具有可操作性，并不是一个虚置的概念，既可以指导民法分则的制定，也可以直接作为实施法律行为的依据，扩展民法体系接纳新型权利的空间。生态物权作为新型的物权形式，是生态利益法律表达的结果，其具有理论上的正当性和道德上的应然性，因此在物权法的上位法发生变更，绿色原则确立的情况下，生态物权应当在物权法中予以规定和体现。

---

〔1〕　参见最高人民法院：《关于审理环境侵权责任纠纷案件适用法律若干问题的解释》（法释〔2015〕12 号）。

〔2〕　参见吕忠梅课题组："'绿色原则'在民法典中的贯彻论纲"，载《中国法学》2018 年第 1 期。

〔3〕　如《中华人民共和国环境保护法》第 64 条规定："因污染环境和破坏生态造成损害的，应当依照《中华人民共和国侵权责任法》的有关规定承担侵权责任。"但《侵权责任法》第八章为"环境污染责任"，其第 65 条规定："因污染环境造成损害的，污染者应当承担侵权责任。"侵权责任法的规定中则没有了破坏生态造成的损害，而生态破坏和环境污染是两个具有不同内涵的外延的概念。

十九大报告中提出"加快生态文明体制改革，建设美丽中国"，并提出"绿水青山就是金山银山""提供更多优质生态产品"的重要思想，生态环境的财产属性和经济视野成为普遍性的认识，在 2017 年 12 月印发的《生态环境损害赔偿制度改革方案》中，国务院授权省级、市地级政府可以提起生态环境损害赔偿诉讼，其实质上证明了生态环境的财产属性。生态环境作为物的一种形式，在其生态利益得到广泛的社会认可和政治关注的情况下，在物权法中构建生态物权这一新兴的物权形式也具有政治和社会基础。

（二）以渐进方式推动生态物权的法律实现

生态物权具有与传统物权不同的特征，对传统物权理论形成了冲击，也受到了物权法的诘难和苛责。作为一种新型的物权形式，在适用已经发展多年并趋于成熟与完善的规则体系时，要么改变既有的理念和规则，要么根据已有理论和规则改造新的事物。生态物权的生成具有理论上正当性和合理性，在民法已经确认了绿色原则的情况下，该如何在物权法中体现生态物权，物权法作为私法体系与生态物权的公权色彩如何衔接，也是生态物权在法律中实现时必须考虑的问题。生态物权的存在建立在生态环境的生态利益基础之上，虽然当前很多技术手段和技术标准已经出台，用于核算生态利益的价值。但总的来说在法律中生态利益的价值并没有形成统一的认识。环境法以排污权交易、碳汇交易、生态补偿制度以及生态环境损害赔偿制度的建立确认了生态利益的财产价值，但是在民法领域中对此则尚存在争议。虽然人们把财产权制度的缺位作为造成生态环境问题的主要原因，但由于生态利益鉴定的技术和成本过高使财产权适用面临不经济的局面，这也是公权力干预生态物权的取得与行使的原因，也造成了物权法对生态物权的排斥。因此在物权法短时间不能做出大幅度修改的情况下，可以考虑以渐进的方式推进生态物权法治化进程。

生态物权是建立在生态环境之上的他物权，资源属性与生态属性是生态环境的一体两面性的体现，在资源属性已经被纳入物权法的范畴之后，其生态属性的财产性已经在环境法中得到了确认。因此生态物权的法治化可以分为两步走的形式，首先在《物权法》所有权篇章中明确规定："对人类生存具有重要支持作用的环境要素、生态功能以及生态系统整体，属于国家所有，即全民所有的公共财产，国家依法予以保护并规范其合理利用。"[1]生态利益的财产属性以及生态环境的国家所有权的法律确认，明确了生态物权的母权地位和国家在生态物权形成过程中的地位，也是生态物权建立的前提和基础。其次在用益物权篇章中，仿效第122条和第123条对于准物权的法律确认，对生态物权进行法律确认。

两步走的渐进式法律确认，减少了生态物权确认的阻力。生态环境国家所有权是生态物权产生的首要条件，相对于生态物权法律确认来说，生态环境国家所有权的形成条件更加成熟，目前无论是环境法领域还是民法领域对于生态环境的价值有相对一致的看法。从政治层面来看，习近平总书记提出了"保护生态环境就是保护生产力，改善生态环境就是发展生产力"和"绿水青山就是金山银山"，在党的十九大报告中也对生态环境的财产价值进行了确认，因此生态环境的国家所有权的确认相对而言条件更为成熟。而生态环境国家所有权的确认，也推动了生态物权的法治化进程。

两步走的渐进式法律确认，也符合权利确认的先后次序。

---

[1] 吕忠梅课题组："'绿色原则'在民法典中的贯彻论纲"，载《中国法学》2018年第1期。

"按照物权法原理，他物权必然产生于自物权，自物权是他物权的母权，无母权则无他物权。"[1]他物权从所有权中派生，他物权客体上竖立的所有权就是他物权的母权。[2]生态物权作为他物权，其与生态环境所有权之间就形成了母子的关系，按照两者产生的先后序位来看，也是母权在先，子权在后，因此母权生态环境所有权应该首先在物权法中得到确认。生态环境的所有权的确认明确了物之归属，是物能够利用的基础，从现代物权法发展强调对物的多元多极利用、重视他物权的构建来讲，母权的确立也为生态物权的形成确立法律依归。

第二节　生态物权的制度体系

学界认为法律权利是规定或隐含在法律规范中，实现于法律关系中，主体以相对自由的作为或不作为的方式获得利益的一种手段。[3]生态物权法治化进程也是一个渐进的过程，鉴于制度本身的有限性和适用条件，生态物权的法律实现也是由一系列的法律制度来予以体现。生态物权是建构在生态环境所承载的基于人类发展所需的生态利益的基础之上，从权利产生的基础和权利行使的有效性与可操作性来看，生态物权的制度体系可以分为两大类：生态物权的基础制度和保障制度。基础制度是生态物权赖以存在和彰显的前提，保障制度从生态物权的实现来看，是生态物权得以运行良好的外部保障。

---

〔1〕　崔建远："准物权的理论问题"，载《中国法学》2003年第3期。

〔2〕　参见崔建远："准物权的理论问题"，载《中国法学》2003年第3期。

〔3〕　参见张文显：《法哲学范畴研究（修订版）》，中国政法大学出版社2001年版，第309页。

一、　生态物权的基础制度

生态物权以发展所需的生态利益为基础和内容进行构建，因基于生存所需的生态利益的构建属于宪法规定的生存权的范畴，由国家法律予以强制性保障，因此生态物权的制度实现必须以生态红线制度的建立为基础。物权法以经济价值为中心的调整特性，使生态利益的价值转化和量化成为生态物权得以建立的基础。生态物权的取得是生态物权得以运行的前提，在物权变动规则中，权利的取得是第一步的，也是初始层次，因此合理的初始分配制度也是生态物权的基础和核心制度。而建立在行政赋权下的登记制度更是作为生态物权的制度载体，由于在生态物权的取得与公示部分对此进行了比较全面的探讨，此处不予讨论。

（一）　严格落实生态红线制度

生态环境所承载的生态利益根据其与人类的关系，可以分为基于生存所需的生态利益和基于发展所需的生态利益两大类。两类之间的区分标准表现为生态红线制度，生态红线之下就是基于生存所需的生态利益，由公法进行强制性保障，生态红线之上一般的环境标准之下就是基于发展所需的生态利益。生态物权赋予了生态红线制度新的意义，在关注国家和区域的生态安全之外，生态红线是人类生存的环境品质的最低保障，其不能为私法所调整，是国家的环境保护义务。这也是 20 世纪盛行的社会国原则所形成的结果，社会国原则要求维持人民生活最低需求，满足人民精神文化的进步，保持人民生活的最低需求。[1]

---

〔1〕　参见陈慈阳：《基本权核心理论之实证化及其难题》，翰芦图书出版有限公司 2007 年版，第 73 页。

生态保护红线即生态红线，是指依法在重点生态功能区、生态环境敏感区和脆弱区等区域划定的严格管控边界，是国家和区域生态安全的底线。[1]某种意义上生态红线类似于耕地红线制度，都是为了保证生存安全所不能触碰的底线。生态红线包括生态功能红线（生态功能保障基线）、环境质量红线（环境质量安全底线）、资源利用红线（自然资源利用上线），[2]从目前来看主要是通过划定区域的方式进行。生态红线的划定以生态承载力为基础，生态承载力包括资源承载力、环境承载力、生态弹性力三个方面，分别构成了生态承载力的基础条件、约束条件和支持条件。[3]这三方面也分别构成了生态功能红线、环境质量红线和资源利用红线的基础，从不同的侧面和不同视角反映了各自不同的定位和关注的价值，这三条红线之间的衔接和融合既反映了生态红线对于科学技术的依赖，也体现了生态环境资源的利用与保护之间的衡平。

生态红线的确定依照现有的技术条件结合生态环境本身的耐受力进行，因生态环境作为一个整体系统出现时，其内部结构的稳定不仅依赖于人为的控制，更重要的在于自然规律的作用，山崩、海啸、地震等自然灾害事件的发生，生态环境突发事件的出现都会破坏生态环境的结构稳定，进而影响生态利益的稳定输出，而且人口增长、经济发展也会导致生存所需的生态利益供给的紧张，因此生态红线制度处于一种动态的平衡，参照耕地红线制度进行严格落实。在生态红线控制范围内按照其所能提供的生态利益阈值进行动态的保护，通过生态红线责

[1] 参见《生态保护红线划定技术指南》（环发（2015）56号）。

[2] 参见陈海嵩："'生态红线'制度体系建设的路线图"，载《中国人口·资源与环境》2015年第9期。

[3] 参见高吉喜：《可持续发展理论探索：生态承载力理论、方法与应用》，中国环境科学出版社2001年版，第8~23页。

任制的方式落实到具体的个人，确保国家和区域的生态安全，也确保公民生存所需的最低环境品质。

（二）统一生态利益价值量化制度

在物进入物权法的视野时，不仅需要关注物的物理形态，还要从物的金钱价值进行衡量，相对而言法律一般会选择对于人民生活有重要意义或者经济价值比较大的一些事物进行保护。生态物权在物权法中彰显时，为了适用静态财产权制度和动态的交易安全，作为其内容的生态利益必须能够通过货币的形式予以体现，但生态利益本身并不是一个经济学的概念，不能直接以经济价值的方式进行衡量和保护，因此需要建立一种转化制度将生态利益转化为经济价值，通过货币的形式体现出来。生态利益是生态环境的生态效用对人的有用性在法律中的体现，因此生态利益的转化以生态效用为基础，所谓生态效用又被称为生态系统服务功能，是指直接或间接提供给人类的福利或服务即由自然资本的能流、物流、信息流构成的生态福利或服务，依据生态系统为人类提供的服务内容的不同分为生产服务、生活服务及生态服务，[1]这些生态效用应当如何量化为货币就需要法律的关注。

结合当前各国对于生态效用的经济价值转化来看，其主要的方式有：生产函数法、避免成本法、替代/恢复成本法、旅行成本法和条件价值法。Constanza 等综合了国际上普遍接受的多种方法对生态系统服务价值的评估研究成果，在世界上率先开展了对全球生态系统服务价值的估算，Patterson 采用生态价格理论和方法对生物圈过程和服务的价值进行了评估，Curtis 采用多目标分析和德尔斐专家打分相结合的方法，对澳大利亚的

---

〔1〕　参见谢高地、鲁春霞、成升魁："全球生态系统服务价值评估研究进展"，载《资源科学》2001 年第 6 期。

WTWHA 区生态服务价值进行了评估。[1]从估算的价值范围看包括了：直接使用价值、间接使用价值、选择价值、遗传价值和生态链接价值等。[2]测量的方法和测定价值范围的不同给生态利益的价值转化带来了困难，也给生态物权的适用造成了困难，因此应当统一生态利益的经济测算的方法，由法定的主体按照法定的程序和测算方法对列入估值范围内的生态利益进行测定，从而能够使生态物权的权利人得到合理的经济收益。

环境高风险阶段的来临，生态危机的压迫，行政监管手段的困境，使通过生态物权的权利设计来实现生态利益的优化配置，提高生态利益的利用效率，促进生态环境保护与经济发展之间的平衡，显得十分的关键。我国《生态环境损害鉴定评估技术指南 总纲》的印发为在全国范围内统一生态利益的经济量化制度提供了技术的支撑，也使生态物权权利人对自己的权利行使产生了合理和确定的预期，从而实现资源的优化配置，激发公众从事生态环境保护事业的积极性。

（三）合理的初始分配制度

如果生态红线制度和生态利益价值量化制度是生态物权的基础制度的话，那么合理的初始分配制度是生态物权的核心制度，是生态物权产生的基础和依据。所谓初始分配是指由所有权人向受让人首次转让生态利益使用权的分配行为。就生态物权而言，"必须克服的首要障碍是生态利益的初始分配。克服的目标应当是通过建立使所有权利接受者都能认为是真正的公平且简单的分配规则，同时要避免由准予过多的特定例外所隐藏

〔1〕 参见张建肖、安树伟："国内外生态补偿研究综述"，载《西安石油大学学报（社会科学版）》2009 年第 1 期。

〔2〕 参见谢高地、鲁春霞、成升魁："全球生态系统服务价值评估研究进展"，载《资源科学》2001 年第 6 期。

着的危险来完成。"〔1〕"人们对某一商品、权利或者任何其他东西表示偏爱，在一定程度上取决于政府是否已经事先将这种商品或者权利分配给他们。只要不是实行无政府主义，我们无法回避初次分配权利的任务……它要求政府分配一系列的初始权利，并反映在合同法、侵权法和财产法当中……政府不但必须将权利分配给这个或那个人，而且还必须决定是否通过市场或者其他方式使这种权利不可分离。初始权利的作用是反映社会对于所有权当中的假定权利的理解，使之合法化并且加深这种理解。"〔2〕

　　合理的初始分配制度应考虑的前提是明晰的产权边界和合理的需求结构层次。动态的物权变动规则要求物权的内涵是清晰的、权利主体是清晰的、权利行使的边界是清晰的，只有这样权利、交易的安全才能够保障。从当前生态物权的界定来看，需要技术的支持和经济成本的付出，巴泽尔认为"交易成本大于零时，产权不能完整的界定"〔3〕，因此产权具有一定程度的模糊是合理的。生态物权可以借助于技术手段，按照时间和空间相结合的方式来加以界定，但是界定过程中的成本支出和技术限度使生态物权的权利边界具有一定的模糊性，但是这并不妨碍生态物权进入交易当中。合理的需求结构层次是生态物权建构的另一前提，就生态利益当前的需求来看，主要可分为生存需要和发展需要，其中发展需要又可以分为生活需要和生产需要。生存需要关系到每个人有尊严的生存的基础，在生态利

---

〔1〕　经济合作与发展组织：《国际经济手段和气候变化》，中国环境科学出版社1996年版，第26页。

〔2〕　[美]凯斯·孙斯坦：《自由市场与社会正义》，金朝武、胡爱平、乔聪启译，中国政法大学出版社2002年版，第9页。

〔3〕　[美]Y·巴泽尔：《产权的经济分析》，费方域、段毅才译，上海三联书店、上海人民出版社1997年版，第3页。

益初始分配时必须予以强制的保障，在上文对生态红线制度进行分析时已经充分说明了这一问题，因此重点在生活需求和生产需要的合理分配上。法律在对利益进行保护时并非是一视同仁平等的保护，利益也因其在利益谱系中所处的位阶和重要性被法律按照不同的规则予以调整。在生活与生产问题上，生产是为了满足人们日益增长的物质和精神方面的需求，而生活是每个人都要进行的日常活动，从普遍性和广泛性来看，生活需要应在生产需要之前。

生态物权的初始分配制度需要协调环境保护与经济发展的关系，这就对初始分配制度提出了两个方面的基本要求：保障生态利益的可持续供给；通盘考虑生态物权之间的相互影响。生态环境是一个相对闭合的系统，"生物界密切的和不可避免的互相依赖，包含着某种稳定的和动态的互变关系。这种互变关系的减弱与破坏，将使生物产生互相残害和自身消灭的可能性。"[1]在生态利益供给与需求的紧张关系中，"如何以最低的环境成本确保自然资源可持续利用是当代所有国家谋求经济社会持续发展所面临的一大难题。"[2]保障生态利益的可持续供给就要从整体论和系统论的观点进行考虑，在生态物权的初始分配过程中，应当建立在尊重自然、敬畏自然的基础上，改变以往物质主义和唯利是图的功利主义思想，建立新的生态文明的价值观，由绝对的物化生态环境指向人与生态环境之间的和谐共生，在尊重自然的基础上，利用自然规律合理权衡生态环境保护与经济发展之间的关系，实现生态利益的可持续供给，从

---

〔1〕 〔美〕芭芭拉·沃德、勒内·杜博斯：《只有一个地球——对一个小小行星的关怀与维护》，《国外公害丛书》编委会译校，吉林人民出版社1997年版，第54页。

〔2〕 桑东莉："可持续发展与中国自然资源特权制度之变革"，武汉大学环境与资源保护法学专业2005年博士学位论文。

而在当代和后代子孙之间形成一种平衡。生态物权的性质和特征决定了可以在某一区域生态环境内存在数个生态物权，这数个生态物权之间能够产生交互关系和复合影响也是生态物权初始分配制度要关注的问题，生态环境的动态平衡是依靠生态要素之间的相互制约和相互牵制来实现的。而生态物权行使方式的多样性也导致了其存在潜在的破坏生态平衡的可能，因此有效的生态环境治理不能孤立看待某一生态要素，也不能孤立看待单个生态物权，必须通盘考虑生态物权之间的相互影响。孤立地看待将会造成新的生态环境问题，如青海湖周围地区围栏放牧活动剥夺了普氏原羚的绝大部分栖息地，危及到普氏原羚的生存。[1]

二、　生态物权的保障体系

生态物权的保障制度为生态物权的有效行使提供良好的外部条件。行政监管的理性退让，为生态物权的市场化配置塑造宽松的外部环境，有效的全面的社会监管通过外在的监督促使生态物权的正当行使。

（一）理性退让的行政干预

"现代资本主义的政府正在进行着空前的公共干预，但却是以促进资本积累、开拓市场、劳动力管理以及资源开发的顺序进行的。对于防止公害及环境保护则采取放任的态度，直至引起社会问题，导致激烈的居民反对公害等的舆论及运动，引发政治不稳定。"[2] 20 世纪生态环境危机说明了政府干预对环境问题造成的影响，政府的不当干预也是造成生态环境问题的原

---

〔1〕　参见"中国普氏原羚的危机"，载《世界自然保护信息》2002 年第 17 期，转引自桑东莉："可持续发展与中国自然资源物权制度之变革"，武汉大学环境与资源保护法学专业 2005 年博士学位论文。

〔2〕　［日］宫本宪一：《环境经济学》，朴玉译，生活·读书·新知三联书店 2004 年版，第 96 页。

因。虽然生态环境具有易损性的特征使公权力干预具有正当性，但公权力干预在生态物权制度中需要保持在合理限度之内。从政府对企业的干预行为来看，补贴的存在对于消解外部性的市场机制而言，就形成不当的竞争。虽然行政干预对于矫正市场失灵、配给公共产品具有积极的意义，但就生态物权的产生来看，全程的行政干预并非必然，其应在生态物权的初始分配完成以后，主动退出生态物权的交易转让领域，而使用宏观的经济调控制度、经济刺激政策和有效的监管措施来保障生态物权能够正确地行使。"全能政府"向"有限政府"的转变，可以促使政府向需要监管的领域转变，提高政府监管的质效。而对于生态物权市场配置的承认，也可以改变政府在环境治理领域中的单打独斗的局面。

在生态物权的物权变动中，因生态物权客体的公共物品性、权利内容的公共性以及客体经济转化过程的权力依赖，使公权力的干预应集中体现在生态物权的初始分配制度上，通过税费的征收，促使权利人提高权利的利用效率，积极从事维系和增进生态利益的产业。在权利的行使和转让的过程中，政府应当通过宏观调控机制进行适当的干预，为生态物权交易建立平台，制定生态物权变动的统一规则体系，如以登记制度来明晰生态物权的边界，保障交易的安全。纯粹的市场配置对于生态物权的交易来讲，可能因市场失灵而产生偏差，因此需要在双方自愿的基础上，辅之以必要的调控措施，矫正市场配置的不足。对于生态物权的交易来说，行政干预应当体现在：①交易平台的建立和交易规则的制定；②"对生态利益经济价值的评估提供一定的信息支持"[1]；③通过计划调控和市场的有机结合实

----

〔1〕〔美〕A·迈里克·弗里德曼：《环境与资源价值评估——理论与方法》，曾贤刚译，中国人民大学出版社 2002 年版，第 1 页。

现生态利益的最优分配。

（二）全面有效的社会监督

政府职能的转变使行政干预应在生态物权的物权变动中理性地退出，但生态物权的客体和内容的特殊性，以及其对生态利益的消耗性使用会导致他人利益受损的情形，其他的社会主体也需要对生态物权的行使进行合理的有效的监管。在当前，生态物权的使用虽然有生态旅游、优质生态产品的商品化等维系和增进生态利益的方式，但是因生态利益是发展所必需，就整个生态物权的行使来看，仍然是以消耗性的污染物和能量排放为主要的使用方式，权利一旦被不当行使就会产生损害他人利益的情形。然而由于行政执法资源有限，难以对具体的生态物权权利人进行 24 小时全天候的监管，而生态物权权利人为追求自身价值最大化也与行政执法机关进行"躲猫猫"的游戏，造成权利的不当行使，这种局面在短期内因为行政资源的有限性和理性经济人的人设而难以有根本性的转变，因此应当寻求其他的制度来保障生态物权权利人正当行使权利。

生态环境保护关系全民的福祉，随着市民社会和法治社会的建立，公民意识的觉醒唤醒了民众对于参与公共事物的热情，在反腐、扫黄等清理社会毒瘤的活动中，群众起到了关键作用。在生态物权行使过程中出现的执法成本高、违法成本低的不良局面，也需要广泛的全面的社会监督来弥补行政监管的不足。社会监督就是充分发挥公众的作用、发挥社会舆论媒体的作用，调动社会各方参与监督的作用，通过外部压力迫使权利人正当行使生态物权。对于法律政策而言，应当畅通社会监督的途径、多样化社会监督的方法、为社会监督提供一定的资金和物质的支持，把社会监督体系由冷冰冰的法律制度变为一种激励社会主体参与的机制。如果没有全面有效的社会监督，没有社会各方的参与，环境保护就会出现这样或者那样的问题，没有良好的全民守法的氛围，生态物权的正确行使也会陷入难以为继的局面，因此应当通过宣传交易、经济激励、物质保障等手段，提高社会各方对于环境保护的认识，推动全民守法、全民监管的社会良性循环。[1]

第三节　生态物权的救济体系

"无救济则无权利"，救济是权利受到侵害时权利人的利益得以保障的最后的法律防线，生态物权作为有着明确权利内涵和边界的物权，也具有法律权利的可诉性，在权利受损时，也需要由相应的救济制度予以保证。

一、　以司法救济为主的多元救济方式

首先，作为法律的一种实体权利，生态物权有着相对明确的权利内涵和权利的边界，权利的行使可以为权利人带来实体上的收益和财富的增加，但生态物权的占有是对一定空间上的生态环境的利用，不同于传统物权对物的物理形态的占有，占有的特殊性使生态物权的保全并不完全为权利人所支配和控制，这导致生态物权易为他人所侵害。其次，生态物权是以生态环境之上的生态利益为内容建构起来的，而生态环境承载着多种利益形式，其中为法律所确认和保护的两种最主要的利益是经济利益和生态利益，这两种利益并存于生态环境之上，使生态环境具有了一体两面的特征，但是这种利益之间的融合和兼顾是建立在生态环境具有一定的弹性和涵摄力的基础上，对经济

---

〔1〕　参见周珂、王权典："论国家生态环境安全法律问题"，载《江海学刊》2003年第1期。

利益的追求超过了生态环境的耐受或容忍的限度，将会导致生态利益的损害，同时过分地保护生态利益的供给，也会降低社会的物质生活资料的供给。当前社会生活中，是以经济价值作为主要的衡量指标，小到家庭大到国家都把经济发展放在首要的位置，这也使很多人对于生态环境的维系、环境品质的保障并没有充分的认识。社会公众对生态利益的选择性忽视和集体的冷漠，导致了在对生态环境的利用过程中，经济利益的使用占据了首位，以生态利益为基础和内容的生态物权也因此更容易受到经济利用的冲击和损害。再次，作为实体权利的生态物权，其权利内容具有财产价值，这也是他人觊觎其权利、损害其权利的原因，生态物权权利人为维护权利，实现权利所赋予的利益，也需要法律的救济制度予以保障。

生态物权作为一种实体权利，其具有了法律权利的具体属性——可诉性，在其纠纷发生之后，司法救济作为最正式、最重要的救济解决方式，[1]对于维护生态物权权利人的利益起到关键的作用，其可以基于权利上的恢复原状请求权、损害赔偿请求权向司法机关提起民事诉讼，司法机关在处理民事纠纷上的成熟的体制可以为权利人的利益提供有效的保护。生态物权作为一种私权，其权利的行使和救济都受到当事人意志的支配，因为生态物权的纠纷可以因侵害的原因不同归属于不同的法律性质。生态物权是在行政赋权的基础上产生的，行政机关基于行政合同[2]将生态环境的生态利益分配给权利人予以使用，生态物权可因行政机关的单方行为而归于消灭，也可以因情势变

---

〔1〕　参见刘小春、徐琳琳："民事诉讼功能局限性之出路——多元化纠纷解决模式的构建"，载《湖南师范大学社会科学学报》2010年第5期。
〔2〕　王利明教授在分析土地使用权取得过程时认为不是行政合同仍是民事合同。参见王利明：《物权法研究》，中国人民大学出版社2013年版，第426~431页。

更而归于消灭。因行政合同被行政机关的单方行为撤销或者变更而发生的生态物权纠纷就应当具有行政法律性质，应借助行政诉讼程序予以救济。因此生态物权的公权性和私权性混合使司法救济方式在整个生态物权纠纷解决中具有主体的地位。

但是随着社会的发展，司法纠纷解决方式的僵化、高昂的成本和繁琐的程序也带来了适用上的不便，在我国熟人社会的背景下，邻里纠纷的司法适用也易造成邻里关系的紧张，虽然判决具有权威性，可以用公权力来保障判决得以执行，但是当前社会"老赖"的存在和社会信用体系的不完整，也影响着司法的权威。因此司法救济路径并不是万能的，其也有自身的适用条件和适用空间，这也为其他非诉纠纷解决方式的存在和发展留下了空间。

生态物权取得过程中因行政合同发生的纠纷归于行政法律关系，但生态物权作为私权，其行使过程中因第三人的侵害而发生的纠纷则主要是民事纠纷，对于这类民事纠纷，权利人基于自身利益的考虑可以选择不同的救济方式，当前主要有：仲裁、调解和和解。仲裁作为舶来品，其最终形成的裁决也具有权威性和可执行性，较之于诉讼，其在程序上具有简洁性，也更利于当事人作用的发挥，因此在仲裁进入我国之后，仲裁机构迅速发展，商事仲裁还成为商事纠纷解决的首选模式，缓解了法院审理案件的压力。在生态物权民事纠纷发生以后，当事人也可以根据自己的意志选择适用仲裁的方式，以期及时有效地维护自己的权利。调解是除司法救济之外的主要救济方式，因主持调解的主体不同，调解可以分为行政调解、人民调解等多种调解形式，调解在我国的法律文化中一直居于重要的地位，我国熟人社会的特点，使人们普遍具有厌讼和息讼的心理，在发生纠纷以后不是寻求法院的帮助，而是寻找德高望重的第三方来居中进行调解，相对于司法救济的强硬来讲，调解更为柔和，也更为双方当事人自愿地遵从和履行，也可维护双方当事人和睦的邻里关系。基于我国现实国情的考虑，最高人民法院出台的《关于建立健全诉讼与非诉讼相衔接的矛盾纠纷解决机制的若干意见》明确了调解协议可以经过司法确认程序而具有法律的强制效力，这也为调解在更大范围的适用创造了条件。[1]生态物权的侵权纠纷主要发生在权利所指向的地域范围内，也具有邻里纠纷的特点，因此也可以使用调解的纠纷解决方式。和解也是民事纠纷解决方式之一，与调解不同，和解是发生在双方当事人之间，调解需要第三方居中进行。和解以当事人自己的意思为主，主动和对方当事人进行磋商谈判，是当事人积极主动维护自身权利的最经济的方法，也是纠纷发生后的第一选择，但是和解达成的协议并没有强制的效力，依靠当事人自身的素养和对社会舆论的看法来选择是否执行，这限制了和解的推广适用，而且和解也会因双方当事人信息不对称而导致实质的不公平。但随着法治社会的建立，公民法治意识和权利意识的提高，和解也在更大的范围内开始适用，其对于解决标的额比较小的纠纷也更加有效。作为民事纠纷的生态物权纠纷当然也可以适用和解的方式来解决。

二、 丰富生态环境损害赔偿诉讼主体类型

（一） 生态环境损害赔偿诉讼主体确认的权利路径

随着对生态环境价值的认识，生态环境损害赔偿的司法救济程序不断地发展，当前围绕生态环境的损害赔偿大多被视为环境公益诉讼，适用公益诉讼规则来进行案件的司法审理活动。

---

〔1〕 参见谭世贵、李建波："关于进一步增强人民调解制度活力的思考"，载《甘肃社会科学》2009年第5期。

但是由于社会公共利益并不能归属某一个人，所以围绕公益诉讼的主体资格产生了极大的争议。公民、社会组织、检察机关、行政机关等到底哪些可以提起公益诉讼？学者分别研究了美国的公民诉讼、德国的团体诉讼等，分别讨论了各自所支持的主体参与诉讼的合理性和正当性。2012 年《中华人民共和国民事诉讼法》（以下简称《民事诉讼法》）做出了修改，其第 55 条明确授予了社会组织和有关机关的公益诉讼的诉讼主体资格，2014 年《中华人民共和国环境保护法》（以下简称《环境保护法》）也做出了调整，授予了符合第 58 条规定条件的社会组织以提起公益诉讼的主体资格，2015 年 7 月全国人大常委会则授权最高人民检察院进行在 13 个省市提起环境民事公益诉讼和环境行政公益诉讼的试点工作，2015 年《生态环境损害赔偿制度改革试点方案》的实施授权吉林等 7 省开展生态损害赔偿制度的改革试点工作，2017 年《民事诉讼法》和《中华人民共和国行政诉讼法》的修改确认了检察机关的提起公益诉讼的主体资格，2017 年 12 月中共中央办公厅、国务院办公厅印发的《生态环境损害赔偿制度改革方案》在全国范围推广，授予了省市两级政府生态环境损害赔偿权利人的资格。

生态环境损害赔偿案件主体资格的变动，由社会组织和有关机关到符合法定条件的社会组织，再由符合法定条件的社会组织扩展至检察机关、最后扩展到政府机关，主体范围的变动意味着法律的转向，社会组织和检察机关只被规定为"具有提起公益诉讼的主体资格"，到了政府机关则被明确为"生态损害赔偿的权利人"，这也就意味着法律对于生态环境的认识有了改变，不仅是基于制度体系的完整、社会利益的保障和行为救济的需要，而是开始回归法律的原点，以权利义务为逻辑遵循，寻求生态环境的权利人，通过权利人来主张生态环境损害的救

济。这种法律上的转向对于生态环境的保护和管领来讲是一种
新的思维方式的探寻，也是生态环境的权利由虚置走向具体明
确，由原则性规定走向可操作性规定的有益尝试。也为环境法
的研究提供了新的思路，权利而非义务成为生态环境损害赔偿
诉讼制度的建构路径，以权利确认、权利行使、权利救济的权
利逻辑审视《生态环境损害赔偿制度改革方案》，可以发现在生
态环境损害赔偿请求权确立的情况下，产生这一救济请求权的
实体权利就成为当前理论界需要关注的问题。这也为上文所述
的生态物权的落实过程中，在民法物权编中明确生态环境的国
家所有权提供了政策上的支撑。

（二）生态物权是权利人提起生态环境损害赔偿诉讼的权利
基础

生态物权以生态环境为客体，对生态环境的损害会影响权
利人的合法利益，权利人作为某一地域的生态环境的法律上的
管领人其也可以根据物权法上的恢复原状请求和损害赔偿请求
权提起诉讼。在 2017 年印发的、2018 年在全国范围内实施的
《生态环境损害赔偿制度改革方案》中，明确了生态环境损害赔
偿的权利人，那么这一权利是基于何种性质、何种内容的权利
呢？根据现有理论进行分析，可以发现，虽然生态环境作为一
个整体是密不可分的，但生态环境也是由一个个微小的系统组
成，这些系统因法律上调整和规制的需要，或者按照地域来进
行划分，或者按照组成这一系统的中心要素进行划分。生态环
境从伦理上来讲，以地球为衡量标准时其是一个完整的生态系
统，不能归属某一个人、某一个国家，应属于全人类所有，但
是从法律的角度来看，即使在国际环境法中也承认了生态环境
的国家主权，国家对自己辖区内的生态环境有利用自决权。从
国家法治语境来看，生态环境中的主体要素也是为国家所有或

集体所有，例如我国物权法明确规定森林、水、矿山等为国家所有或集体所有，因此生态环境的所有权在法律上也应表现为国家所有，而全民所有即国家所有，由国务院为代表行使生态环境的所有权。国务院依照法律程序将所有权中的部分权能授权给其他的国家机关来行使，因此省市两级政府的生态环境损害赔偿请求权应当是基于国务院授权而行使的生态环境的管理权。

生态利益可以为不特定多数人中的每个个体切实享有，但又超脱于个体之外，具有公共性和不可分割性。[1]生态环境的损害主要表现为生态系统的结构性破坏和功能性损害两个方面，[2]大多数结构性破坏是不可逆转的变化，更多的生态利益损害表现为功能性损害，诸如水、大气、土壤等，其原本功能的丧失。生态利益作为"自由获取的资源"，没有得到应有的关注，致使生态物品总是被滥用，生态环境损害赔偿请求权就是生态利益受到侵害时，就其非经济性需求和公益性经济需求要求获得救济的请求权，也是公众享有的环境受益权、环境资源行政决策监督参与权的保障。生态环境损害赔偿请求权主体的确定依赖生态环境的所有权和使用权主体。国务院作为生态环境的所有权人，其不仅享有生态利益分配时的收益，更应强调国家和国家机关维持人民最低生活环境需求的消极义务和提供良好生态环境的积极义务。因此当生态环境受到损害时国务院可以自己行使也可以通过法律授权下级政府行使生态环境损害赔偿请

---

〔1〕 参见程多威、王灿发："论生态环境损害赔偿制度与环境公益诉讼的衔接"，载《环境保护》2016年第2期。

〔2〕 2017年12月17日中共中央办公厅、国务院办公厅印发《生态环境损害赔偿制度改革方案》，生态环境损害是指因污染环境、破坏生态造成大气、地表水、地下水、土壤、森林等环境要素和植物、动物、微生物等生物要素的不利改变，以及上述要素构成的生态系统功能退化。

求权。

生态环境损害赔偿请求权主体的确定除了依据生态环境的所有权和管理权人外，还可以通过生态环境使用权人来确定，生态物权是建立在生态环境基础上的他物权，其以生态环境的生态利益的使用为主要的表征。在通过行政合同取得了生态物权之后，作为特定时空范围的生态环境的使用权人，其当然有权根据物权请求权提起生态环境损害赔偿诉讼，这也是其权利能够得以实现和保障的基础。因此生态物权是权利人提起生态环境损害赔偿诉讼的权利基础，这也符合我国生态环境损害赔偿制度的发展趋势。

三、 以修复责任为主的法律责任体系

法律责任是由特定法律事实所引起的对损害予以补偿、强制履行或接受惩罚的特殊义务，亦即由于违反第一性义务而引起的第二性义务，[1]是依照法律的规定对某种行为进行的否定性评价和不利后果，也是社会为了维护自身的生存条件而强制性地分配给某些社会成员的一种负担[2]。根据法律责任定义可以将法律的承担方式分为惩罚、补偿和强制三种形式。民事侵权法律责任秉持的是损害填补理念，在救济被侵权人权益的同时也以"得利禁止"为原则[3]，形成了恢复原状、赔偿损失、停止侵害、排除妨碍等几种主要的法律责任承担方式。随着环境保护法规定环境侵权行为适用侵权行为法的规定，传统的民

---

〔1〕 参见张文显主编：《法理学（第四版）》，高等教育出版社 2011 年版，第122 页。

〔2〕 参见张文显主编：《法理学（第四版）》，高等教育出版社 2011 年版，第124 页。

〔3〕 参见刘超："环境修复审视下我国环境法律责任形式之利弊检讨——基于条文解析与判例研读"，载《中国地质大学学报（社会科学版）》2016 年第 2 期。

事侵权法律责任也在环境侵权领域中适用。

生态物权的民事纠纷以侵权纠纷为主，虽然也有合同纠纷的发生，但是总体来讲，适用合同法的有关规则就可以追究相关责任人的合同法律责任，整体并没有表现出明显的特殊性。是以本书选择生态物权的侵权责任为主要的研究内容。

生态物权以生态环境为客体，生态物权的侵权即是对生态物权的客体或内容造成损害的行为。在追究法律责任的过程中，传统法律责任以经济方面的赔偿责任为主，在泰州天价环境公益诉讼案件中六家公司共计缴纳 1.6 亿余元的生态环境损害赔偿费用，这对于权利人来讲当然是一个好消息，也会促进权利人主动积极地行使权利，去管领和维护权利客体，但是从长远看来，这样的天价案件，其宣示意义远远大于教化的意义，其目的更多的在于唤醒社会保护环境的热情。在《环境保护法》实施以后，天价环境公益案件趋于减少，生态法律责任整体以修复责任为体系重新构建。2013 年中共十八届三中全会明确提出完善生态修复制度，2014 年《环境保护法》第 32 条也对生态要素的修复制度进行了规定，2014 年 6 月最高人民法院发布的《关于全面加强环境资源审判工作为推进生态文明建设提供有力司法保障的意见》中"探索建立生态修复、惩罚性赔偿制度"的规定也为环境法律责任体系的发展指明了路径。相对于传统侵权法律责任以经济赔偿为主，修复责任则更多是行为的负担[1]，通过履行特定的行为修复被损害的生态环境。修复责任也主要

---

〔1〕 各地法院在判决书中要求被告承担的环境修复责任的具体方式包括支付污染水域治理成本、为恢复环境原貌而需投入费用、补种林木、异地补植林木、支付环境公益诉讼救济专项资金等。参见李挚萍："环境修复的司法裁量"，载《中国地质大学学报（社会科学版）》2014 年第 4 期；袁学红："构建环境公益诉讼生态修复机制实证研究"，载《中华环保联合会主办研讨会文集》（中国环境法治·2013年卷下），法律出版社 2014 年版，第 145～146 页。

适用于生态环境的功能性损害，结构性破坏大多是不可逆的，功能性损害则可以被替代，也可以增进，因此从功能修复的角度来看，恢复功能方式的多样性也带来生态环境损害赔偿法律责任承担形式的多样化。但是修复性法律责任的适用范围也有限制，对于结构性破坏来讲，修复性法律责任则并不能很好地适用，还需要依赖传统的金钱赔偿的方式来进行。因此在生态物权的法律责任体系中，将修复性法律作为其主要的责任承担方式，辅之以金钱赔偿等其他的法律责任承担方式，这样既可以保证权利人可持续地行使生态物权，也可以促使整体生态环境质量的好转。

结 语
生态物权——环境法进化之选择

    "分化是存有世界的特征，也是存在得以复杂化的前提。或许可以说，没有分化就没有世界，没有分化也没有知觉者"[1]，"进化是存在复杂化过程的一种特殊形式"[2]，某种意义上，人类自身也是世界不断分化和进化的结果。"分化与进化并不限于生物物种，宇宙中的其他事物即使不像生物物种那样产生出来，但它们只要在时间过程中产生出来，那它必然经历了一个进化的过程"[3]，分化和进化（分化的次序化）带来世界的多样性、多维性和多元性。分化、进化、多样、多维带来了事物的有序性和无序性的统一，呈现出复杂的外在特征。在法律的发展过程中，分化使环境法呈现出一个闭合与自治的体系，无限多维的法律理念、原则、规则或重叠或交错地复合形成了环境法自身独特的价值理念和精神内核。分化与进化并不是对立的关系，"只有当任何社会制度的性质所固有的某些变化能实行更分化的文化和社会领域的制度化时，进化的观点才有意义，

---

    [1]   江山："法的终极原创与终极价值"，载《法哲学与法社会学论丛》1998年。

    [2]   [美] E. 拉兹格：《进化——广义综合理论》，闵家胤译，社会科学文献出版社 1988 年版，第 45 页。

    [3]   [美] E. 拉兹格：《进化——广义综合理论》，闵家胤译，社会科学文献出版社 1988 年版，第 13 页。

这样就能扩大社会环境和社会对环境适应的范围。"〔1〕

一、　进化论范式在环境法中运用

昂格尔认为法是解读其所在社会人与人之间结合方式的深层奥秘的暗码体系。〔2〕基于社会历史条件的不同，法呈现出不同的形态，所以，诺内特和塞尔兹尼克将法分为"压制型法"、"自治型法"和"回应型法"，用以分析同一社会的不同的法律现象，经由法律理性的规范维度、外在功能维度和内在结构维度构建社会与法律共变的演化模式。〔3〕社会与法律的共生共变关系，为环境法的产生确立了基本动因，生态环境问题的复杂和多维也带来环境法的多样和多元，环境法的研究范式从来就不是单一的，有环境正义范式、环境权义范式等。1988 年美国学者 E. 拉兹格提出的进化范式指出：进化是一个连续的过程，科学与哲学的体系来而复往，发挥有限认识作用的每种方法最终都会山穷水尽。每种体系初生时都被欢呼为伟大成就，衰落时又都成为讨厌的绊脚石。〔4〕是以进化的范式——研究开放系统在自然界中历经比以往任何时候都更复杂和更加动态的发展历程时的奇特经历，研究开放系统在自然界中历经比以往任何时候更能控制它们自己及其环境的发展历程时的奇特经历。〔5〕进化

〔1〕　[美] 埃森斯达脱："社会的变化、分化与进化"，姜文彬译，载《国外社会科学文摘》1965 年第 12 期。

〔2〕　参见 [美] R. M. 昂格尔：《现代社会中的法律》，吴玉章、周汉华译，译林出版社 2008 年版，第 251 页。

〔3〕　参见 [美] P. 诺内特、[美] P. 塞尔兹尼克：《转变中的社会与法律：迈向回应型法》，张志铭译，中国政法大学出版社 2004 年版，第 4~5 页。

〔4〕　参见 [美] E. 拉兹格：《进化——广义综合理论》，闵家胤译，社会科学文献出版社 1988 年版，第 19 页。

〔5〕　参见 [美] E. 拉兹格：《进化——广义综合理论》，闵家胤译，社会科学文献出版社 1988 年版，第 19 页。

范式以更少的内容解释了更多的社会现象，其基本假定和基本
原理的简洁性和普适性符合科学进步中那些持久的价值，其有
效性在不同的学科领域中得到了广泛的认可，为不同学科中专
门而又相互有微妙联系的难题的解决提供了合理的解释，其适
用于几乎所有的自然科学工作和大多数的社会科学工作之中。
因此环境法的研究范式和研究方法并不是单一的，其是一个不
断进化和发展的过程，每一个阶段的理论都不是决定性和指令
性的，并不能唯一地确定环境法的进程，而是为了阐明环境法
的发展的可能性。

进化范式赋予了环境法持续研究的智识供给和学术张力，
进化与开放使环境法的研究具有不同于其他传统法律部门的活
力。作为交叉学科，自然科学和社会科学之间恰当的融合是以
人文关怀为主的环境法研究的重要特点，生态环境问题的复杂
多维、进化范式的脉络和轨迹使环境法的研究方法应由传统部
门法研究方法、传统生态研究方法向复杂性方法转变。自然科
学领域从生态结构上研究环境，人文社会科学领域从社会文化
方面研究环境，这些研究对于环境结构和价值的认识都只能得
到片面的结果，传统法律部门研究方法通过化简（碾碎差异性，
导入简单的统一性）与割裂（以差异性遮蔽统一性）使学科问
题彼此隔绝，不相影响，对此，李启家教授曾在为研究生开设
的"环境法总论"的课堂上以"盲人摸象"的寓言进行形象的
说明，指出各个学科站在不同学科追求上对环境概念的不同解
读，正如不同盲人所触摸到大象的不同地方。而把所有的盲人
感知到的部分加在一起就会构成一个完整的大象，是以不同学
科对于事物的解读是不完整的、具有缺陷的，而环境法所关注
的环境是人文和自然的综合。法国学者埃德加·莫兰正是认识
到这种学科研究方法的缺陷，以辩证法思想为渊源提出了复杂

性方法："复杂性并不是混乱与盲目，而是有序性、无序性和组织的联结者，并在组织的概念内部把统一性和多样性连接起来。"〔1〕复杂性方法通过"统一""多样""有序""无序"有效地解读了主体与客观世界、自由与发展之间的关系，复杂性方法中的"两重性逻辑"通过对人类认识过程的分析，阐释了人类理性是一个复杂的多层次的存在，认识永远是开放的、动态发展的、未完成的。建立在规则同构基础上的环境法在过去的研究过程中，也是以"分"为基本的表征，通过调整的社会关系和调整方法的特殊性说明其自身的独特的价值追求和作为独立部门法存在的意义。在环境法的独立法律地位形成共识并得到广泛认可的现在，在复杂性思想和进化范式占据社会科学工作主流的时代背景下，法律部门之间的同构与互助、和合和同化，学科之间的通约与协同就成了重塑环境法的价值内核和精神追求的路径选择。

二、 环境法进化之体征

法律进化论属于法律动学，一定时期之法，非成于一旦，乃过去数十纪间社会的势力之积聚而成之者也。〔2〕社会的进化推动了法律进化，法律的纵向历史演进和横向的地域表征，呈现出显著的差异，然纵观全局，宏观审视法律的形态，可以发现受制于社会结构的变迁，法律处于一个动态的进化过程，呈现出规律性和基础性：从不成文法到成文法，从秘密状态到公示状态，从义务本位到权利本位，从公法进化到私法。

---

〔1〕 ［法］埃德加·莫兰：《复杂性思想导论》，陈一壮译，华东师范大学出版社 2008 年版，第 3 页。

〔2〕 参见［日］穗积陈重：《法律进化论》，黄尊三等译，中国政法大学出版社 1997 年版，前言第 7 页。

环境法在各种思潮学说的作用下，原有的学科边界趋于模糊，充满了不确定性，正是这种不确定性给环境法的发展和完善提供了机缘。由于法律分化而成的环境法作为自创性闭合系统，并不意味着它独立于其他的系统而存在，"一个系统的结构和过程只有在与环境的关联中才有可能存在，而且只有在这样的关联中加以考虑才有可能被理解。……甚至我们可以说一个系统就是它与它的环境之间的关联，或者说系统就是系统与环境之间的差异。"〔1〕而且，"越是分化和特殊化的制度领域，变得越是相互依赖并且有可能以它们在相同而全面的制度化体系内的机能来补充。"〔2〕当前环境法的进化所呈现出的特征主要表现在第一代环境法向第二代环境法转变过程中。环境法律理念从矫正正义转向分配正义，环境法的本位也由义务本位（重视环境保护义务的履行，通过禁止性或限制性义务的设计来保护生态环境）转向权利本位（通过生态利益的初始分配建立权利体系），"只有使每一个人都平等享有神圣不可侵犯的基本权利（人权），才有可能建立一个公正的社会"〔3〕。利益增进和主动性是环境法治的努力方向，在复杂性的社会形态中，环境法的进化也要和特定区域的要素形成相互联系的适应性系统。独立、自治与和谐、开放的同时出现，使新兴的环境法在变革中不断汲取民法、行政法等部门法中的法律制度，如将财产权制度纳入环境保护法治领域。这对于环境法的进化来说也具有重要的价值。

---

〔1〕 Niklas Luhmann, *The Differentiation of Society*, New York: Columbia University Press, 1982, p. 257.
〔2〕 ［美］埃森斯达脱："社会的变化、分化与进化"，姜文彬译：《国外社会科学文摘》，1965 年第 12 期。
〔3〕 郑成良："权利本位说"，载《政治与法律》1989 年第 4 期。

三、　生态物权是环境法理念进化的表征

法律的公法与私法的分野不是原理的，而是"历史的"，在法律分化和进化的过程中，两者虽然有明显的区别，但也有共通之处，然而历来区分公法与私法的学者最易犯的错误在于极度重视两者的区别，以为公法关系与私法关系是截然相反的、全然不同的原理。针对公共事物和公共利益的调整，在法律选择的过程中，排除了私法的适用而仅受公法的规制。公法与私法作为法律的分类，有着共同之处，可以相互影响和借鉴。生态环境问题作为公共事物理应受到法律的关照和调整，环境危机的来临和生态利益的彰显推动了环境法治进程。生态环境本身的公共事物的属性和供给国家和社会民众共同使用的目的，使其具有明显的公法性质，但集体性的权利的基本准则存在的理由和合法性基础在于个人之权利[1]，"公共事物和私人事物的区别仅在于是否直接供给国家使用的目的的差异，不是应遵守公法或私法调整的依据。"[2]是以在生态环境问题持续威胁人类社会的生存与发展之际，法律领域中率先对环境社会危机和生态利益作出回应的环境法不应也不能局限于公法手段，也应充分发挥私法手段的环境保护的功能。

生态物权是环境法与民法交叉融合的产物，在发展民事权利体系的同时，也推动了环境保护事业的发展。生态物权的权利取得主要依赖于政府行为，具有明显的公权特征。其权利行使过程则是由权利人的自由意志决定，具有典型的私权属性，

---

〔1〕　参见［法］弗雷德里克·巴斯夏：《财产、法律与政府——巴斯夏政治经济学文粹》，秋风译，贵州人民出版社 2003 年版，第 71 页。

〔2〕　［日］美浓部达吉：《公法与私法》，黄冯明译，何勤华主编，中国政法大学出版社 2003 年版，第 101 页。

是私权制度在环境法领域中的适用。虽然以民法为代表的私法体系对于环境法中出现的新型权利形态多持保留的态度，但是一旦其进入私法领域则又被激烈地反抗。而对于持开放和融合态度的环境法而言，这种能够破解环境治理难题的新型权利是一种有益的存在，在环境法律体系中确认的同时，也希望能够得到其他法律的承认和认可。因此生态环境的产生契合了法律进化之趋势，是环境法进化和发展的表征之一。

四、 生态物权是环境法本位进化的表征

环境法权利本位从价值层面探讨环境法产生的根源和动力，探讨环境法存在的基础以及环境法规范合理性的逻辑起点，环境法义务本位从法的技术的角度探讨，从实证法的角度阐释环境法的重心是赋予义务而非利益的分配和权利的设计。两者从不同的视角看待法律现象，得出各自的结论，论说各自存在的合理性和批判对方的不足。

那么何者为环境法的本位？要回答这个问题，还要回到何为"本位"，何为现代法律的"本位"。在权利本位已经确立并形成共识的情况下，贸然逆潮而上提出义务本位，虽与以往法律形态的义务本位的内容有着截然不同的观点，但仍是刺痛了众多学者的敏感神经。而且正如权利本位论者对义务本位的批判所言，本位层次的探讨是回答法律的起点和本源，是价值层面的内容，更倾向于回答应当是什么的应然状态，可以从实证法的法律原则、法律规则的内容去深入探究和阐释，如何更能接近于法的本源，是一个"应然状态——实然架构——应然状态"的逻辑论证的循环过程。从这点来看，相比权利本位对价值的探究，义务本位以实证法为研究的基点，从法律的表象出发，以法律规范的主体数量来探究法律的本源，忽视了法律规

范所承载的价值和理念。

回归环境法法理内核来探究环境法的本位，义务的普遍设置和人们对于义务的天然规避这也是当前以行政管制为主的环境法陷入困境和不被社会公众认可与接受，从而陷入政府机关的单打独斗局面的原因。在秩序形成的过程中，法律促进其中有利因素作用的发挥，通过利益分配来引导理想状态的出现，才能形成各社会主体从事该项事业的合力。是以从法的价值和法的核心分析，环境法应以权利为本位展开制度建设。

生态物权以生态利益为内容和基础进行权利的建构，丰富了环境权利的内容，使环境权利由虚置走向具体，由原则性规定走向可操作性明示，既是对法律以利益为核心的回应，也是利益在法律上的表达形式。在环境法由关注行为调整的矫正正义走向关注利益分配的分配正义时，利益的合理配置就是生态利益法律表达的关键。利益的表达与确认不是对利益的剥夺和限制，而是对利益的赋予和确认，因此生态利益最终也要借助法律权利才能实现有效合理的分配。生态物权就是生态利益法律表达的私权形式，是通过私权配置维系和增进生态利益持续供给的选择。这也契合环境法由义务本位转向权利本位，通过权利的设置来调动各方从事环境保护事业积极性的时代特征。

参考文献

著作类

1. ［美］蕾切尔·卡森:《寂静的春天》,吕瑞兰、李长生译,上海译文出版社 2011 年版。
2. 于光远等译编:《恩格斯:自然辩证法》,人民出版社 1984 年版。
3. ［英］亚当·斯密:《国富论(上卷)》,唐目松等译,商务印书馆 1983 年版。
4. ［法］让·鲍德里亚:《消费社会》,刘成福、全志钢译,南京大学出版社 2014 年版。
5. ［美］霍尔姆斯·罗尔斯顿:《环境伦理学》,杨通进译,中国社会科学出版社 2000 年版。
6. ［美］马尔库塞:《现代文明与人的困境——马尔库塞文集》,李小兵等译,生活·读书·新知三联书店 1989 年版。
7. ［美］菲利普·克莱顿·贾斯廷·海因泽克:《有机马克思主义——生态灾难与资本主义的替代选择》,孟献丽等译,人民出版社 2015 年版。
8. ［法］埃德加·莫兰:《复杂性思想导论》,陈一壮译,华东师范大学出版社 2008 年版。
9. 胡锦涛:《坚定不移沿着中国特色社会主义道路前进 为全面建成小康社会而奋斗》,人民出版社 2012 年版。
10. ［德］马克思、恩格斯:《马克思恩格斯全集(第 1 卷)》,中共中央马克思恩格斯列宁斯大林著作编译局译,人民出版社 1956 年版。
11. ［日］原田尚彦:《环境法》,于敏译,法律出版社 1999 年版。

12. ［美］罗斯科·庞德:《法律史解释》，邓正来译，中国法制出版社
    2002年版。

13. （汉）刘向:《逸周书·大聚解》。

14. ［英］蒂莫西·A. O. 恩迪科特:《法律中的模糊性》，程朝阳译，北京
    大学出版社2010年版。

15. 崔建远:《准物权研究》，法律出版社2003年版。

16. 张文显主编:《马克思主义法理学》，高等教育出版社2003年版。

17. 周林彬:《物权法新论——一种法律经济分析的观点》，北京大学出版
    社2002年版。

18. ［日］大须贺明:《生存权论》，林浩译，法律出版社2001年版。

19. 陈慈阳:《环境法总论》，中国政法大学出版社2003年版。

20. 吕忠梅:《沟通与协调之途——论公民环境权的民法保护》，中国人民
    大学出版社2005年版。

21. 史尚宽:《物权法论》，中国政法大学出版社2000年版。

22. 邓海峰:《排污权——一种基于私法语境下的解读》，北京大学出版社
    2008年版。

23. 中国大百科全书编辑委员会:《中国大百科全书·环境科学》，中国大
    百科全书出版社1983年版。

24. ［日］美浓部达吉:《公法与私法》，黄冯明译，中国政法大学出版社
    2003年版。

25. ［美］E. 拉兹洛:《进化——广义综合理论》，闵家胤译，社会科学文
    献出版社1988年版。

26. ［英］安东尼·吉登斯:《现代性的后果》，田禾译，译林出版社2011
    年版。

27. 尹伊君:《社会变迁的法律解释》，商务印书馆2003年版。

28. ［美］约翰·罗尔斯:《正义论》，何怀宏等译，中国社会科学出版社
    1988年版。

29. ［古希腊］亚里士多德:《政治学》，吴寿彭译，商务印书馆1965年版。

30. ［古希腊］亚里士多德:《尼各马可伦理学》，苗力田译，中国社会科
    学出版社1990年版。

31. ［法］莫里斯·奥里乌：《行政法与公法精要》，龚觅等译，春风文艺出版社 1999 年版。

32. 叶知年：《环境民法要论》，法律出版社 2014 年版。

33. ［美］丹尼尔·H. 科尔：《污染与财产权：环境保护的所有权制度比较研究》，严厚福、王社坤译，北京大学出版社 2009 年版。

34. 何勤华主编：《西方法学史（第二版）》，中国政法大学出版社 2000 年版。

35. ［法］雅克·盖斯旦等著：《法国民法总论》，谢汉琪等译，法律出版社 2004 年版。

36. 郑玉波：《民法总则》，中国政法大学出版社 2003 年版。

37. 王利明：《物权法论》，中国政法大学出版社 2003 年版。

38. 《孟子·滕文公上》。

39. 杨立新：《民法物格制度研究》，法律出版社 2008 年版。

40. 《周礼·地官·质人》。

41. 谢邦宇主编：《罗马法》，北京大学出版社 1990 年版。

42. 梅夏英：《财产权构造的基础分析》，人民法院出版社 2002 年版。

43. ［德］M. 沃尔夫：《物权法（第 20 版）》，吴越、李大雪译，法律出版社 2004 年版。

44. 尹田：《法国物权法》，法律出版社 1998 年版。

45. 邱聪智：《从侵权行为归责原理之变动论危险责任之构成》，中国人民大学出版社 2006 年版。

46. 史尚宽：《民法总论》，中国政法大学出版社 2000 年版。

47. 王利明：《物权法研究》，中国人民大学出版社 2002 年版。

48. 杨与龄：《民法概要》，中国政法大学出版社 2002 年版。

49. 孙宪忠：《争议与思考——物权立法笔记》，中国人民大学出版社 2006 年版。

50. 王利明主编：《中国物权法草案建议稿及说明》，中国法制出版社 2001 年版。

51. ［德］拉德布鲁赫：《法学导论》，米健、朱林译，中国大百科全书出版社 1997 年版。

52. 上海社会科学研究院法学研究所编译：《民法》，知识出版社 1981年版。

53. 张俊浩主编：《民法学原理》，中国政法大学出版社 1997 年版。

54. 魏振瀛主编：《民法》，北京大学出版社 2000 年版。

55. ［美］凯斯·R. 孙斯坦：《自由市场与社会正义》，金朝武等译，中国政法大学出版社 2002 年版。

56. ［日］盐野宏：《行政组织法》，杨建顺译，北京大学出版社 2008年版。

57. 林锡尧：《行政法要义（第三版）》，元照出版有限公司 2006 年版。

58. 李震山：《行政法导论》，三民书局 1998 年版。

59. 张杰：《公共用公物权研究》，法律出版社 2012 年版。

60. 高鸿业、吴易风：《现代西方经济学》，经济科学出版社 1990 年版。

61. 董礼胜：《中国公共物品供给》，中国社会出版社 2007 年版。

62. ［美］约瑟夫·斯蒂格利茨：《经济学》，中国人民大学出版社 2000年版。

63. ［古罗马］查士丁尼：《法学总论——法学阶梯》，张企泰译，商务印书馆 1997 年版。

64. ［美］詹森等：《所有权、控制权与激励》，陈郁译，上海人民出版社 1998 年版。

65. ［日］牧野英一：《法律上之进化与进步》，朱广文译，中国政法大学出版社 2003 年版。

66. 叶俊荣：《环境政策与法律》，中国政法大学出版社 2003 年版。

67. ［德］弗里德里希·卡尔·冯·萨维尼：《论占有》，朱虎、刘智慧译，法律出版社 2007 年版。

68. ［意］朱塞佩·格罗索：《罗马法史》，黄风译，中国政法大学出版社 1994 年版。

69. ［意］彼德罗·彭梵得：《罗马法教科书》，黄风译，中国政法大学出版社 1992 年版。

70. ［美］E. 博登海默：《法理学——法哲学及其方法》，邓正来、姬敬武译，华夏出版社 1987 年版。

71. ［德］伯恩·魏德士：《法理学》，丁晓春、吴越译，法律出版社 2005 年版。

72. 黄茂荣：《法学方法与现代民法》，中国政法大学出版社 2001 年版。

73. ［美］罗斯科·庞德：《通过法律的社会控制　法律的任务》，沈宗灵、董世忠译，商务印书馆 1984 年版。

74. 严奉宪：《中西部地区农业可持续发展的经济分析》，中国农业出版社 2005 年版。

75. 刘秀玲：《边境经贸与民族地区生态环境发展论》，民族出版社 2006 年版。

76. 叶平：《环境的哲学与伦理学》，中国社会科学出版社 2006 年版。

77. 廖华：《从环境法整体思维看环境利益的刑法保护》，中国社会科学出版社 2010 年版。

78. 陈慈阳：《环境法总论》，中国政法大学出版社 2003 年版。

79. ［德］N·霍恩：《法律科学与法哲学导论》，罗莉译，法律出版社 2005 年版。

80. ［美］科尼利厄斯·M. 克温：《规则制定——政府部门如何制定法规与政策（第三版）》，刘璟等译，复旦大学出版社 2007 年版。

81. 杨泽伟：《新国际经济秩序研究——政治与法律分析》，武汉大学出版社 1998 年版。

82. 张文显主编：《法理学（第四版）》，高等教育出版社、北京大学出版社 2011 年版。

83. ［日］宫本宪一：《环境经济学》，朴玉译，生活·读书·新知三联书店 2004 年版。

84. 孟庆垒：《环境责任论：兼谈环境法的核心问题》，法律出版社 2014 年版。

85. ［德］蓝德曼：《哲学人类学》，彭富春译，工人出版社 1988 年版。

86. ［英］马歇尔：《经济学原理》，宇琦译，湖南文艺出版社 2012 年版。

87. 全国人大常委会法制工作委员会民法室编：《物权法立法背景与观点全集》，法律出版社 2007 年版。

88. ［美］梅因：《古代法》，沈景一译，商务印书馆 1959 年版。

89. ［美］保罗·A.萨缪尔逊、威廉·D.诺德豪斯：《经济学（第十四版）》，胡代光等译，北京经济学院出版社 1996 年版。

90. ［英］朱迪·丽丝：《自然资源：分配、经济学与政策》，蔡运龙等译，商务印书馆 2002 年版。

91. 肖国兴、肖乾刚编著：《自然资源法》，法律出版社 1999 年版。

92. 王和雄：《论行政不作为之权利保护》，三民书局 1994 年版。

93. 王名扬：《法国行政法》，中国政法大学出版社 1998 年版。

94. ［日］园部敏、田中二郎、金泽良雄：《交通通信法·土地法·水法（日文版）》，日本有斐阁 1968 年版。

95. ［英］修马克：《小即是美：一本把人当回事的经济学著作》，李华夏译，立绪文化出版社 2000 年版。

96. 桑东莉：《可持续发展与中国自然资源物权制度之变革》，科学出版社 2006 年版。

97. 陈华彬：《物权法原理》，国家行政学院出版社 1998 年版。

98. 王卫国：《中国土地权利研究》，中国政法大学出版社 1997 年版。

99. 彭万林主编：《民法学》，中国政法大学出版社 1994 年版。

100. 谢在全：《民法物权论》，中国政法大学出版社 1999 年版。

101. 刘得宽：《民法诸问题与新展望》，中国政法大学出版社 2002 年版。

102. ［美］约翰·缪尔：《我们的国家公园》，郭名倞译，吉林人民出版社 1997 年版。

103. 杜健勋：《环境利益分配——法理研究》，中国环境出版社 2013 年版。

104. 柯坚：《环境法的生态实践理性原理》，中国社会科学出版社 2012 年版。

105. 马骧聪：《环境保护法基本问题》，中国社会科学出版社 1983 年版。

106. 公丕祥主编：《法理学》，复旦大学出版社 2002 年版。

107. 韩忠谟：《法学绪论》，台湾韩忠谟教授法学基金会 1994 年版。

108. 曾世雄：《民法总则之现在与未来》，中国政法大学出版社 2001 年版。

109. ［德］京特·雅科布斯：《规范·人格体·社会》，法律出版社 2001 年版。

110. 梁慧星主编：《中国物权法研究》，法律出版社 1998 年版。

111. 高富平:《物权法专论》,北京大学出版社 2007 年版。

112. 王利明:《物权法研究》,中国人民大学出版社 2003 年版。

113. 南路明、肖志岳:《中华人民共和国地产法律制度》,中国法制出版社 1991 年版。

114. 周岩、金心编著:《土地转让中的法律问题》,中国政法大学出版社 1990 年版。

115. [英] F. H. 劳森、B. 拉登:《财产法》,施天涛译,中国大百科全书出版社 1998 年版。

116. 冯栩生:《登记公信力研究》,人民法院出版社 2006 年版。

117. 郑玉波:《民法物权》,三民书局 1988 年版。

118. [美] 罗伯特·诺奇克:《无政府、国家和乌托邦》,姚大志译,中国社会科学出版社 2008 年版。

119. [美] 罗纳德·德沃金:《认真对待权利》,信春鹰、吴玉章译,中国大百科全书出版社 1998 年版。

120. [美] 曼瑟尔·奥尔森:《集体行动的逻辑》,陈郁等译,上海人民出版社 1995 年版。

121. 尹田:《论物权的公示与公信原则. 民商法论丛》(第 26 卷),金桥文化出版(香港)有限公司 2003 年版。

122. 祝兴祥等编著:《中国的排污许可证制度》,中国环境科学出版社 1991 年版。

123. 江伟、肖建国主编:《民事诉讼法》(第七版),中国人民大学出版社 2015 年版。

124. H. J. Macloskey, "Rights", *Philosophical Quarterly*, Vol. 15, 1965, 转引自夏勇:《人权概念起源》,中国政法大学出版社 1992 年版。

125. 周辅成:《从文艺复兴到 19 世纪资产阶级哲学家、政治思想家有关人道主义人性论言论选辑》,商务印书馆 1966 年版。

126. [法] 皮埃尔·勒鲁:《论平等》,商务印书馆 1988 年版。

127. [日] 阿部泰隆、淡路刚久编:《环境法》(日文版),日本有斐阁 1995 年版。

128. [日] 山本隆司:《行政上の主観法と法関係》,日本有斐阁 2000

年版。

129. ［美］R. M. 昂格尔：《现代社会中的法律》，吴玉章、周汉华译，译林出版社 2008 年版。

130. ［美］P. 诺内特、P. 塞尔兹尼克：《转变中的社会与法律：迈向回应型法》，张志铭译，中国政法大学出版社 2004 年版。

131. ［日］穗积陈重：《法律进化论》，黄尊三等译，中国政法大学出版社 1997 年版。

132. ［法］弗雷德里克·巴斯夏：《财产、法律与政府》，秋风译，贵州人民出版社 2003 年版。

133. ［美］A·迈里克·弗里德曼：《环境与资源价值评估——理论与方法》，曾贤刚译，中国人民大学出版社 2002 年版。

134. 高吉喜：《可持续发展理论探索：生态承载力的理论、方法与应用》，中国环境科学出版社 2001 年版。

135. 经济合作与发展组织：《国际经济手段和气候变化》，中国环境科学出版社 1996 年版。

136. ［美］Y·巴泽尔：《产权的经济分析》，费方域、段毅才译，生活·读书·新知三联书店、上海人民出版社 1997 年版。

137. ［美］芭芭拉·沃德、勒内·杜博斯：《只有一个地球——对一个小小行星的关怀与维护》，《国外公害丛书》编委会译，吉林人民出版社 1997 年版。

138. 马汉宝：《法律思想与社会变迁》，清华大学出版社 2008 年版。

139. 徐向华：《立法学教程》，上海交通大学出版社 2011 年版。

期刊论文类

1. 董彪、张茂钰："生态危机的人学反思——兼论'绿色发展观'"，载《求实》2017 年第 4 期。

2. 王树义、周迪："生态文明建设与环境法治"，载《中国高校社会科学》2014 年第 2 期。

3. 郑柏茹："生态危机的经济哲学透视"，载《科学·经济·社会》2016 年第 1 期。

4. 梅宏："生态损害：风险社会背景下环境法治的问题与思路"，载《法学论坛》2010 年第 6 期。

5. 徐祥民、朱雯："环境利益的本质特征"，载《法学论坛》2014 年第 11 期。

6. 蔡守秋："论我国法律体系生态化的正当性"，载《法学论坛》2013 年第 3 期。

7. 张新宝、庄超："扩张与强化：环境侵权责任的综合适用"，载《中国社会科学》2014 年第 3 期。

8. 邓海峰："环境容量的准物权化及其权利构成"，载《中国法学》2005 年第 4 期。

9. 唐孝辉："内蒙古自然资源生态环境保护的新视角——私法保护"，载《内蒙古民族大学学报》2010 年第 3 期。

10. 周珂、侯佳儒："环境法学与民法学的范式整合"，载《河海大学学报（哲学社会科学版）》2007 年第 2 期。

11. 徐祥民、张锋："质疑公民环境权"，载《法学》2004 年第 2 期。

12. 李旭东："环境权私权化理论的检讨与启示"，载《社会科学战线》2013 年第 2 期。

13. 徐祥民、辛帅："环境权在环境相关事务处理中的消解——以景观权为例"，载《郑州大学学报》2015 年第 1 期。

14. 张震："民法典中环境权的规范构造——以宪法、民法以及环境法的协同为视角"，载《暨南学报（哲学社会科学版）》2018 年第 3 期。

15. 曹红冰："我国《物权法》生态化理念的体现与补足"，载《求索》2008 年第 9 期。

16. 楚道文："物权的生态化研究"，载《政法论丛》2008 年第 1 期。

17. 吕忠梅："关于物权法的'绿色思考'"，载《中国法学》2000 年第 5 期。

18. 吕忠梅："论环境物权"，载《人大法律评论》2001 年第 1 期。

19. 黄中显："论功能性环境物权的法律构建"，载《广西民族大学学报》2015 年第 4 期。

20. 邓海峰："排污权抵押制度研究"，载《中国地质大学学报（社会科学版）》2014 年第 2 期。

21. 杜晨妍、李秀敏：“论碳排放权的物权属性”，载《东北师大学报（哲学社会科学版）》2013 年第 1 期。

22. 杜立：“论排污权的权利属性”，载《法律适用》2015 年第 9 期。

23. 王清军：“排污权法律属性研究”，载《武汉大学学报（哲学社会科学版）》2010 年第 5 期。

24. 杜寅：“环境生态惠益的物权化研究”，载《中国地质大学学报（社会科学版）》2016 年第 4 期。

25. 孔爱国、邵平：“利益的内涵、关系与度量”，载《复旦学报（社会科学版）》2007 年第 4 期。

26. 鲁品越：“生产关系理论的当代重构”，载《中国社会科学》2001 年第 1 期。

27. 李启家：“环境法领域利益的识别与衡平”，载《法学评论》2015 年第 6 期。

28. 史玉成：“生态利益衡平：原理、进路与展开”，载《政法论坛》2014 年第 2 期。

29. 楚道文：“物权的生态化研究”，载《政法论丛》2008 年第 1 期。

30. ［美］埃森斯达脱：“社会的变化、分化与进化”，姜文彬译，载《国外社会科学文摘》1965 年第 12 期。

31. 江山：“法的终极原创与终极价值”，载《法哲学与法社会学论丛》1998 年。

32. 张斌：“论现代立法中的利益平衡机制”，载《清华大学学报（哲学社会科学版）》2005 年第 2 期。

33. 杨建顺：“行政立法过程的民主参与和利益表达”，载《法商研究》2004 年第 3 期。

34. 梁上上：“利益的层次结构与利益衡量的展开——兼评加藤一郎的权益衡量论”，载《法学研究》2002 年第 1 期。

35. 杨芳玲：“环境保护的法律手段”，载《法学论丛》1993 年第 1 期。

36. 王利明：“民法典的时代特征和编纂步骤”，载《清华法学》2014 年第 6 期。

37. 薛军："'物'的概念的反思与中国民法典的编纂"，载《法学》2002年第4期。

38. 钱明星："我国物权法的调整范围、内容特点及物权体系"，载《中外法学》1997年第2期。

39. 杨立新、王竹："论自然力的物权客体属性及法律规则"，载《法学家》2007年第6期。

40. 高富平："从实物本位到价值本位——对物权客体的历史考察和法理分析"，载《华东政法学院学报》2003年第5期。

41. 梅宏："生态损害：风险社会背景下环境法治的问题与思路"，载《法学论坛》2010年第6期。

42. 张建文："社会转型与国有财产制度的变迁——以公产、私产区分的国家财产理论为视角"，载《长白学刊》2005年第5期。

43. 漆多俊："论权力"，载《法学研究》2001年第1期。

44. 王利明、李时荣："全民所有制企业国家所有权问题的探讨"，载《中国社会科学》1986年第1期。

45. 李晓春："论权利的要素与本质"，载《广西政法管理干部学院学报》2006年第6期。

46. 叶必丰："行政决策的法律表达"，载《法商研究》2016年第2期。

47. 韩卫平、屈抒："环境法保护对象研究"，载《重庆大学学报（社会科学版）》2014年第1期。

48. 高鹏程："利益概念的语言形式分析"，载《学术交流》2007年第1期。

49. 韩卫平、黄锡生："论'环境'的法律内涵为环境利益"，载《重庆理工大学学报（社会科学版）》2012年第12期。

50. 王莉："反思与重构：生态利益损害的侵权法救济机制"，载《重庆大学学报（社会科学版）》2009年第6期。

51. 张成兴："试论利益概念"，载《青海社会科学》2000年第4期。

52. 王伟光："论利益范畴"，载《北京社会科学》1997年第1期。

53. 周旺生："论法律利益"，载《法律科学（西北政法大学学报）》2004年第2期。

54. 江必新、王红霞："社会治理的法治依赖及法治的回应"，载《法制与社会发展》2014 年第 4 期。

55. 马图佐夫："发展中的社会主义法律体系"，载《苏维埃国家与法》1983 年第 1 期。

56. 孙国华："法的真谛在于对权利的认可和保护"，载《时代论评》1988 年创刊号。

57. 张光博、张文显："以权利和义务为基本范畴重构法学理论"，载《求是》1989 年第 10 期。

58. 郑成良："权利本位说"，载《政治与法律》1989 年第 4 期。

59. 张文显："从义务本位到权利本位是法的发展规律"，载《社会科学战线》1990 年第 3 期。

60. 张文显："'权利本位'之语义和意义分析——兼论社会主义法是新型的权利本位法"，载《中国法学》1990 年第 4 期。

61. 张恒山："论法以义务为重心——兼评'权利本位说'"，载《中国法学》1990 年第 5 期。

62. 封日贤："'权利本位说'质疑——兼评'社会主义法是新型的权利本位法'"，载《中国法学》1990 年第 6 期。

63. 叶媛博："污染者负担原则对环境公共利益的保护"，载《中山大学法律评论》2014 年第 1 期。

64. 徐祥民、朱雯："环境利益的本质特征"，载《法学论坛》2014 年第 6 期。

65. 王庆礼等："略论自然资源的价值"，载《中国人口·资源与环境》2001 年第 2 期。

66. 胡静："关于我国《土壤环境保护法》的立法构想"，载《上海大学学报（社会科学版）》2012 年第 6 期。

67. 林伯璋："台湾水权及其法律性质之探讨——公水之特许使用"，载《台湾水利》2001 年第 3 期。

68. 常鹏翱："民法中的物"，载《法学研究》2008 年第 2 期。

69. 朱谦："环境权问题：一种新的探讨路径"，载《法律科学（西北政法大学学报）》2004 年第 5 期。

70. 上官丕亮："论公法与公权利"，载《上海政法学院学报（法治论丛）》2007 年第 3 期。

71. ［日］石川敏行："ドイツ公権理論の形成と展開"，载《法学新报》1977 年第 84 卷。

72. 鲁鹏宇："德国公权理论评介"，载《法制与社会发展》2010 年第 5 期。

73. 裴丽萍："水权制度初论"，载《中国法学》2001 年第 2 期。

74. 张玉敏："知识产权的概念和法律特征"，载《现代法学》2001 年第 5 期。

75. 尹田："论一物一权原则及其与'双重所有权'理论的冲突"，载《中国法学》2002 年第 3 期。

76. 房绍坤、丁海湖、张洪伟："用益物权三论"，载《中国法学》1996 年第 2 期。

77. 朱冰："中美自然资源物权工具的比较分析"，载《河北大学学报（哲学社会科学版）》2015 年第 3 期。

78. 叶俊荣："环境立法的两种模式：政策性立法与管制性立法"，载《清华法治论衡》2013 年第 3 期。

79. 朱冰："自然资源物权立法的逻辑基础——资源与物的比较分析"，载《资源科学》2012 年第 10 期。

80. 张震："民法典中环境权的规范构造——以宪法、民法以及环境法的协同为视角"，载《暨南学报（哲学社会科学版）》2018 年第 3 期。

81. 杨代雄："私权一般理论与民法典总则的体系构造——德国民法典总则的学理基础及其对我国的立法启示"，载《法学研究》2007 年第 1 期。

82. 柯坚："环境行政管制困局的立法破解——以新修订的《环境保护法》为中心的解读"，载《西南民族大学学报（人文社科版）》2015 年第 5 期。

83. 李汉林、魏钦恭、张彦："社会变迁过程中的结构紧张"，载《中国社会科学》2010 年第 2 期。

84. 王旭："论权衡方法在行政法适用中的展开"，载《行政法学研究》2010 年第 2 期。

85. 屈茂辉："物权公示方式研究"，载《中国法学》2004 年第 5 期。

86. 金桢淳、夏任："浙江省不动产权利证书管理系统的概况与建议"，载《浙江国土资源》2017 年第 8 期。

87. ［日］大塚直："环境政策的新手法"，载《法学教室》（日文版）2002 年第 256 号。

88. 李拥军、郑智航："从斗争到合作：权利实现的理念更新与方式转换"，载《社会科学》2008 年第 10 期。

89. 蔺翠牌："关于国有资产所有权代表及其权利行使方式的思考"，载《中央财政金融学院学报》1994 年第 6 期。

90. 田广兰："权利的边界"，载《哲学动态》2014 年第 5 期。

91. 张志诚、牛海山、欧阳华："'生态系统健康'内涵讨论"，载《资源科学》2005 年第 1 期。

92. 李春晖等："衡水湖流域生态系统健康评价"，载《地理研究》2008 年第 3 期。

93. 袁菲、张星耀、梁军："基于干扰的汪清林区森林生态系统健康评价"，载《生态学报》2013 年第 12 期。

94. 蒋卫国等："洞庭湖区湿地生态系统健康综合评价"，载《地理研究》2009 年第 6 期。

95. 吴睿："法定权利实现的理论模型之构建"，载《前沿》2013 年第 14 期。

96. 张新宝、庄超："扩张与强化：环境侵权责任的综合适用"，载《中国社会科学》2014 年第 3 期。

97. 周珂、侯佳儒："环境法学与民法学的范式整合"，载《河海大学学报（哲学社会科学版）》2007 年第 2 期。

98. 吕忠梅课题组："'绿色原则'在民法典中的贯彻论纲"，载《中国法学》2018 年第 1 期。

99. 陈海嵩："'生态红线'制度体系建设的路线图"，载《中国人口·资源与环境》2015 年第 9 期。

100. 谢高地、鲁春霞、成升魁："全球生态系统服务价值评估研究进展"，载《资源科学》2001 年第 6 期。

101. 张建肖、安树伟："国内外生态补偿研究综述"，载《西安石油大学学报（社会科学版）》2009 年第 1 期。

102. 周珂、王权典："论国家生态环境安全法律问题"，载《江海学刊》2003 年第 1 期。

103. 刘小春、徐琳琳："民事诉讼功能局限性之出路——多元化纠纷解决模式的构建"，载《湖南师范大学社会科学学报》2010 年第 5 期。

104. 谭世贵、李建波："关于进一步增强人民调解制度活力的思考"，载《甘肃社会科学》2009 年第 5 期。

105. 程多威、王灿发："论生态环境损害赔偿制度与环境公益诉讼的衔接"，载《环境保护》2016 年第 2 期。

106. 郑成良："权利本位说"，载《政治与法律》1989 年第 4 期。

107. 李挚萍："环境修复的司法裁量"，载《中国地质大学学报（社会科学版）》2014 年第 4 期。

108. 李启家："论环境法功能的拓发展——兼议中国第二代环境法的发展前景"，载《上海法治报》2009 年 3 月 11 日，第 B05 版。

109. 应松年："行政合同不可忽视"，载《法制日报》1997 年第 6 月 9 日。

110. 张宏军："西方外部性理论研究述评"，载《经济问题》2007 年第 2 期。

111. 中南财经政法大学民商法典研究课题组："物权法制定的若干问题研究"，载吴汉东主编：《私法研究》（第二卷），中国政法大学出版社2002 年版。

112. 税兵："我国海域使用权与传统渔业权的冲突与协调"，载尹田主编：《海域物权制度理论与实践》，中国法制出版社 2004 年版。

113. 肖泽晟："公物、公物法与公营造物"，载应送年主编：《当代中国行政法》，中国方正出版社 2005 年版。

学位论文类

1. 余睿："行政法中的公物权制度研究"，武汉大学 2008 年博士学位论文。

2. 刘会齐："环境利益论——从政治经济学视角分析"，复旦大学 2009 年博士学位论文。

3. 朱雯："论环境利益"，中国海洋大学 2014 年博士学位论文。

4. 陈文："生态物权研究"，黑龙江大学 2011 年博士学位论文

5. 桑东莉："可持续发展与中国自然资源物权制度之变革"，武汉大学 2005

年博士学位论文。

网络资料类

1. "第三届联合国环境大会在内罗毕开幕",载 https://world. people. com. cn/n1/2017/1204/c1002-29685380. html,最后访问日期:2018 年 3 月 20 日。

2. "活力氧新鲜空气氧气罐头人民币 18 元一瓶",载 https://detail. 1688. com/offer/68490962. html? spm = a261b. 8768596. 0. 0. 7972445eg9T8sZ,最后访问日期:2018 年 3 月 20 日。

外文资料类

1. Roscoe Pound, *Outlines of Lectures on Jurisprudence*(*Volume III*), St. Paul: Minn. West Publishing
Co. 1959.

2. Charles A. Reich, *The New Property*, Yale. L. J, 1964.

3. Friedrich Carl Von Savigny, *Sistema del Diritto Romano Attuale*, Torino: Unione Tipografico-Editrice, 1886.

4. Wilfried Erbguth, Joahchim Becher, *Allgemeines Verwaltungsrecht*(*Teil 2*)(*2 Auflage*), Verlag W. Kohlhammer, 1987.

5. Ovid, *Metamorphoses V - VIII*, trans. Hill, D. E. , UK: Aris and Phillips, Warminster, Wiltshire, 1992.

6. Dsdgupta, Partha, *The Control of Resources*, Cambridge Mass: Harvard University Press, 1982.

7. Gilman V. Philadelphia, 70 U. S. 3 Wall. 713 713(1865).

8. David Evans, *A History of ature Conversation in Britain*, New York: Routledge, 1992.

9. John Austin, *The Province of Jurisprudence Determined*, London: Cambridge university press, 1995.

10. Douglas B. Diamond, JR. and Geogre S. Tolley, *The Economics of Urban Amenities*, Elsevier Academic Press, 1982.

11. Yoram Barzel, *Economic Analysis of Property Rights*, Cambridge: Cambridge University Press, 1989.

12. Gerald Korngold, "Solving the Contentious Issues of Private Conversation Easements: Promoting Flexibility in the Future and Engaging the Public and Use Process", *Utah Law Review*, 2007.

13. Luis Díez-Picazo, *Fundamentos del Derecho Civil Patrimonial*, Espana: Editoral Tecnos, 1978.

14. J. A. Weir, "Abstraction in the Law of Torts", 15 City London Law Review, 1974.

15. Rapport, D. J. , "Biosphere in Distress", *World and I.* , 4 (2000).

16. Rapport D. , "Defining of Ecosystem Health", in *Ecosystem Health*, Rapport D. , Costanza R. , Epstein P. R. et al. , (eds.). Malden, Massachusetts: Blackwell Science Inc, 1998.

17. Niklas Luhmann, *The Differentiation of Society*, New York: Columbia University Press, 1982.

后 记

本书是在我博士学位论文的基础上修改而成的。

光阴一直匀速地流淌，可每每回首往昔，总叹岁月白驹过隙般地消逝了。本书的价值有笔者的智力和态度决定，本书评价当由阅者进行，但本书能够顺利完成，应该感谢诸多师长和亲友。在此特将感谢的话语表达如下，以免来日无谓的长叹。

感谢我的导师王树义教授，王老师以其精深博大的学识和高尚诚真的为人指引着我在人生的道路上不断前行。恩师对我的学习和生活，都给予了无私的关怀。他的谆谆教导宽严相济，使我日益成熟，学会用更加理性的方式面对学习和生活，他的学者风范与学术品格，也为我和我的同学们树立了做人与治学的典范。在我的博士学位论文撰写过程中，感谢恩师的审慎批阅、细加评注、拾遗补漏，从选题的选定到逻辑结构的确立，从标点符号到字词句段，再到章节条目，王老师都出了太多的心血，着实令学生感动不已。在我人生遭遇迷茫和彷徨之时，是王老师指引我积极的对待生活和学业，绵绵师恩，没齿难忘。

感谢蔡守秋老师、李启家老师、杜群老师、秦天宝老师、柯坚老师、罗吉老师、李广兵老师、吴志良老师、胡斌老师等诸位老师的精心讲授和悉心指点，是你们的倾囊相授，使我的知识在短时间获得了跳跃性的累积和更新，在倍感新奇之余更增添了研习的乐趣，也使得论文的写作并不是异常的艰难。你们给予我的帮助和鼓励，我将铭记于心。在今后为学与为人的道路中，你们的言传身教将是我人生中弥足珍贵的财富。

感谢梁剑琴师姐、吴宇师兄、解铭师兄、汪再祥师兄等诸位师兄师姐，是你们去除了我心中的阴霾，增强了我继续走下去的信心。感谢朱丽、皮里阳、夏少敏、孙华玲、陈真亮、李一丁、樊成等诸位学友，是你们一如既往的关心和帮助，使我在求知的路上没有孤独踯躅，而是在友谊的欢乐中大步向前，你们对我真诚的关怀和帮助，将永驻吾心。

本书由江西理工大学资助出版。感谢江西理工大学文法学院领导对我攻读博士学位的宽容和谅解，感谢同事们对我的无私帮助，尤其是那间温馨的小屋——文法楼401，见证写作过程中的点点滴滴，没有这一方净土，本书几无完成之所。

最后，感谢我的家人给我永无边际的理解、支持和鼓励，是你们给了我前行的动力和勇气，和你们一起，我就是最幸运和最幸福的人。

时间从未停滞，明天正在赶来，希望在以后的日子里，我能以我绵薄之力获取更为切实的载体，承载对你们的感激之情。

孟春阳
章江畔八角塘